Ingeborg Kruse · *Unter dem Schleier ein Lachen*

INGEBORG KRUSE

Unter dem Schleier ein Lachen

Die schönsten Frauengeschichten
der Bibel

KREUZ

Vollständig überarbeitete Ausgabe der Titel
Ingeborg Kruse, Unter dem Schleier – ein Lachen. Neue Frauengeschichten aus dem Alten Testament, © 1986
und Ingeborg Kruse, Mädchen, wach auf! Frauengeschichten aus dem
Neuen Testament, © 1989

Die Deutsche Bibliothek – CIP-Einheitsaufnahme

Kruse, Ingeborg:
Unter dem Schleier ein Lachen: die schönsten Frauengeschichten
der Bibel / Ingeborg Kruse. - Stuttgart : Kreuz-Verl., 1999
    ISBN 3-7831-1673-2

1   2   3   4   5   03   02   01   00   99

© by Dornier Rechte + Lizenzen AG Zürich 1999
Alle deutschsprachigen Rechte beim Kreuz Verlag Stuttgart
Postfach 80 06 69, 70506 Stuttgart, Tel. 0711/78 80 30
Umschlaggestaltung: Jürgen Reichert, Stuttgart
Umschlagbild: Andrea del Castagno, Königin Ester,
Galeria degli Uffizi, Florenz
Satz: Rund ums Buch, Rudi Kern, Kirchheim/Teck
Druck und Bindung: Claussen & Bosse, Leck
ISBN 3 7831 1673 2

Inhalt

Eva 7
Die Urmütter 13
    Sara 14
    Hagar 25
    Ketura 33
    Debora 37
    Rebekka 43
    Lea 47
    Rahel 53
    Dina 59
    Milka 65

Die Frauen um Mose 71
    Pua und Schifra 73
    Jochebed 77
    Die Tochter des Pharao 81
    Zippora 84
    Mirjam 90

Debora und Jael 95
Die Weise von En Dor 109
Rizpa 117

Die Ahnfrauen Jesu 123
    Tamar 126
    Rahab 133

Rut 140
Batseba 148

Frauen um Jesus 157
    Maria 158
    Die Syrophönizierin 162
    Salome 168
    Die Gekrümmte 172
    Die Schwiegermutter des Petrus 184
    Die Frau am Jakobsbrunnen 190
    Die bittende Witwe 197
    Die Barmherzige 201
    Marta 205
    Maria Magdalena 214
    Die Frau des Pilatus 221
    Frauen am Grab 225

Tabita 235

Eva

ein«, sagte ich, als mich der Engel aufforderte, ihm in das Allerheiligste zu folgen.

»Warum weigerst du dich?«, fragte er verwundert.

»Weil ich gehorsam bin.«

»Wem?«

»Gott«, sagte ich, ohne auch nur einen Augenblick überlegen zu müssen.

Er lachte laut auf.

»Warum lachst du?«, fragte ich.

»Hast du nicht vom Baum der Erkenntnis gegessen?«

»Musst du mich daran erinnern?«, fragte ich ihn ärgerlich.

»Offenbar«, sagte er ungerührt, »denn dir scheint es ja nicht einzufallen, dass du dir die Frucht einverleibt hast und also alles weißt.«

Ich sah ihn verwundert an.

Er sagte nachdenklich: »Du scheinst tatsächlich vergessen zu haben, dass du ungehindert Zugang zum Allerheiligsten hast, weil du eine Frau bist.«

»Was sagst du?«, fragte ich erstaunt, »weil ich eine *Frau* bin, hätte ich Zugang zum Allerheiligsten? Ja, willst du denn alles auf den Kopf stellen, was seit Menschengedenken geglaubt und verkündet wurde?«

Diese Frage schien er für ungebührlich zu halten; denn nun klang es ärgerlich, als er sagte: »Es ist unglaublich, dass du, eine *Frau*, die sich an den Früchten des Erkenntnisbaumes satt essen und sogar noch davon abgeben konnte, dass du es nicht wagst, die Negative in Positive zu verwandeln, nur weil du deswegen eine kurze Zeit in der Dunkelkammer verbringen musst.«

Weil ich nicht wusste, was er eigentlich von mir erwartete, drehte ich mich um und ging meinen alltäglichen Beschäftigungen nach. Schließlich hatte ich wichtigere Dinge zu tun, als mich mit ihm in Diskussionen einzulassen, die zu nichts anderem führten, als dass wir uns missverstanden.

Aber dann, als ich mich nach getaner Arbeit zufrieden zurücklehnte und die Augen schloss, stand er plötzlich wieder neben mir und flüsterte: »Sollte Gott gesagt haben, dass du das Allerheiligste nicht betreten darfst, weil du eine Frau bist?«

»Ja«, sagte ich, ohne auch nur einen Augenblick zu überlegen.

Aber ihm schien dieses rasche Ja ebenso wenig zu gefallen, wie ihm mein rasches Nein gefallen hatte. Er fragte: »Wer hat dich dieses entschiedene Ja gelehrt?«

Ich schwieg.

»Hat Gott es dir gesagt?«, fragte er.

»Gott und die Väter, Brüder, Söhne, seine Stellvertreter auf Erden haben es mir verboten.«

Sofort, als habe er diese Antwort erwartet, fragte er zurück: »Gott oder die Väter, Brüder und Söhne?«

Dieses *oder* klang wie ein tausendfaches Echo in mir nach und brachte mich zugleich in Bewegung. Es ließ mir keine Ruhe mehr. Ich stand auf, vergaß meine Müdigkeit, meine Befürchtung, etwas Unrechtes zu tun, meine Sorge, aus Unwissenheit etwas falsch zu machen, und begab mich in die Dunkelkammer. Ja, ich war nun entschlossen, seiner Frage nachzugehen, koste es, was es wolle, denn nun war sie auch meine Frage geworden, auf

die ich eine Antwort haben wollte. Ich wollte nun endlich
wissen, was auf den alten Negativen zu sehen ist, die un-
entwickelt und halb vergessen in den Schubladen herum-
lagen.

In der Dunkelkammer überfiel mich zwar sofort wieder
meine alte Kinderangst, und so wie damals fing ich auch
jetzt an, leise vor mich hin zu singen, um sie zu vertreiben. Aber es geschah ein Wunder. Denn während ich
sang, spürte ich, wie die Angst von mir wich, und ich sah,
dass sich die Bilder veränderten. Sie kehrten sich um. Was
vorher schwarz war, wurde weiß, was hell war, wurde
dunkel. Aus den Negativen wurden Positive.

Auf einem der Bilder entdeckte ich eine Frau im Schatten eines mächtigen Baumes.

»Verstehst du?«, fragte der Engel, als ich das Bild nachdenklich betrachtete. Es klang, als hoffte er es.

»Ich glaube«, sagte ich zögernd.

Aber damit gab er sich nicht zufrieden. »Vergrößere
es«, riet er, »und dann erinnere dich.«

Und wirklich. Nachdem ich es um mehr als das Dop-
pelte vergrößert hatte, sah ich alles ganz deutlich. Und ich
gedachte der Zeit, die ich im Paradies verbracht hatte.

Damals warst du, Schwester Schlange, flügelloses Tier,
weder verachtet noch gefürchtet. Da warst du, zusam-
mengerollt zur Spirale, da warst du, Schwester, unser Abbild. Von Anfang an waren wir gefürchtet und verehrt.
Wir waren die in den Quellen Nistenden, die aus der
Erde hervorbrechenden Urfluten, die die Kontinente um-
schlangen und Schiffe davontrugen, Schiffe, deren Bug
wir zierten – halb Frau, halb Tier –, die unsere Frauenna-
men trugen und uns, der alles umfangenden Weiblichkeit, geweiht waren. Wir waren Windsbräute und Wü-
stendämone, gefürchtet und angebetet, wir Übermütigen,
die wir einmal die Erde beherrschten und Lebendigkeit
verkörperten und Unsterblichkeit. Wir wohnten in jedem

üppigen Baum und in jeder Felsenhöhle. Wohin man auch kam, überall waren wir schon vorher gewesen. Selbst am Sternenhimmel hinterließen wir unsere Spuren. Damals waren wir, die Töchter, die Ebenbilder Gottes, als wir vor ihm tanzten im All.

Wie konnten wir jemals den Schmerz vergessen, Schwester, wie die Schmach, dass wir uns gekrümmt und gewunden haben, wir Stolzen, als man unsere Heiligtümer entweihte, als der Vater, der Bruder, der Gatte und der Sohn begann, uns zu seinem Eigentum und Besitz zu erklären und uns zu beherrschen? Wie verborgen auch die Verletzungen sind, die uns zugefügt wurden, wir spüren sie dennoch. Wie lange sie auch zurückliegen, wir fühlen die Narben in unserer Haut. Zwar gehorchen Ebbe und Flut immer noch dem Willen der Mondin; aber dem Meer gelingt es nicht, die Kränkungen abzuwaschen, die uns in all den Jahren angetan wurden.

Auf dem Bild, das ich in der Hand hielt, sah ich sie, die Wissende, die Eingeweihte, die Mutter, Schwester, Tochter, die göttliche Weisheit, die Frau mit der Schlange unter dem Baum neben der Quelle des Lebens in der Mitte des Paradiesgartens. Mir war, als nickte sie mir zu und sagte: »Komm her zu mir unter den Baum. Lass uns miteinander reden.«

»Der Wächter am Tor, die Cherubim mit dem bloßen hauenden Schwert«, erwiderte ich, »sie werden mich nicht einlassen.«

Sie sah mich unverwandt an. Sie hatte die Stimme des Engels, als sie sagte: »Fürchte dich nicht! Sie verletzen dich nicht.«

Weil ich ungläubig lächelte, fragte sie: »Hast du nicht gelesen, was im Buch der Bücher geschrieben steht? Hast du nicht gehört, dass Gott sagte:

Siehe, Adam ist geworden wie wir und weiß,
was gut und böse ist.
Nun aber, dass er nicht seine Hand ausstrecke
und breche auch vom Baum des Lebens und esse und lebe
ewiglich.
Da wies ihn Gott, der Herr, aus dem Garten Eden,
dass er die Erde bebaue, von der er genommen ist.
Und trieb Adam aus und lagerte vor den Garten Eden
die Cherubim mit dem bloßen, hauenden Schwert,
zu bewahren den Weg zu dem Baum des Lebens.

1. MOSE 3, 22-24

So steht es geschrieben, dachte ich und fragte überrascht: »Also wurde Adam aus dem Allerheiligsten vertrieben und nicht Eva?«

»So steht es geschrieben«, sagte sie.

Und ich stellte mir vor, was aus uns geworden wäre,
wenn geschrieben stände: *Gott vertrieb Eva aus dem Para-*
dies. Wenn schon das verbotene Abpflücken einer Frucht
vom Baum der Erkenntnis als Grund für unsere nie en-
dende Bestrafung verstanden wird, wie würde dann unser
Frauenleben geworden sein?

»Aber es steht nicht da!«, sagte ich laut in die Dunkelheit hinein.

»Wie könnte es auch dastehen?«, hörte ich sie fragen.
»Eva gehört ins Paradies, denn *Eva* heißt *Leben.*«

Als sie das gesagt hätte, verstand ich sie. Ich verstand,
dass kein Gesetz und kein Dogma Eva daran hindern
kann, durch das Tor zu gehen, das die eine Welt von der
anderen trennt. Ich verstand, dass Eva, das Leben, Sofia,
die Weisheit, Anima, die unsterbliche Seele, in beiden
Welten, der sichtbaren diesseitigen und der unsichtbaren
jenseitigen, zu Hause ist und dass Adam es ahnt, wie sehr
er auf sie angewiesen ist. Ich verstand, wie sehr das ihn,
den Starken, den Stellvertreter Gottes auf Erden, kränkt

und warum er sich selbst durch seine physische Kraft und seine Gelehrsamkeit (*sein* Paradies und Heiligtum, zu dem er uns für eine unglaublich lange Zeit den Zutritt verwehrte) das Gegenteil beweisen muss. Und ich verstand, wie sehr er sich dadurch selbst schadet.

Wie ist es nur möglich, dachte ich, dass Eva, die Gebende, die Schenkende, als Unheilstifterin verflucht wurde? Dass selbst wir Frauen unser eigenes Geschlecht verachteten, dass wir den Schmerzen, die uns zugefügt worden sind, noch die Selbstverachtung hinzugefügt haben!

Ich legte das Bild gedankenvoll beiseite. Nun hatte sie mich neugierig gemacht auf unsere eigene Geschichte. Aber konnte ich es denn wirklich wagen, mich darauf einzulassen? Konnte ich wirklich alle Vorbehalte vergessen, und mich zu ihr unter den Baum setzen?

Zögernd verließ ich die Dunkelkammer. Draußen war heller Tag. Die Sonne blendete mich. Schützend hielt ich die Hand vor die Augen. Der Engel sagte nichts, als er mich nach einer langen Zeit mit einer zarten Gebärde berührte.

Eine Weile überlegte ich noch. Aber dann vergaß ich meine Bedenken und folgte ihm vertrauensvoll. Es war die vergessene, verdrängte Welt der Frauen, in die er mich geleitete.

1. MOSE 3,1-24

Die Urmütter

Sara

er Engel führte mich einen weiten Weg. Als ich endlich bei den Zelten war, schlief alles in der Mittagshitze. Kinder und Hunde lagen im Schatten. Nur das unermüdliche Gezirp der Spatzen, die im trockenen Sand scharrten, unterbrach die mittägliche Ruhe. Und gelegentlich ein Rascheln in den Bäumen, wenn sich die Blätter im heißen Wind bewegten, der von der Wüste herüberwehte.

Um diese Zeit war niemand wach. Nur ich, die Fremde, die dem Engel gefolgt war. Und Sara, die große, alte Frau, die Herrin, die im Zelteingang stand und mir entgegensah.

Als ich bei ihr angekommen war, wandte sie sich langsam um und bedeutete mir, ihr in das dämmrige Zelt zu folgen. Wortlos füllte sie Wasser in eine Schale und schob sie mir zu. Wie gut es tat, die heißen, staubigen Füße zu kühlen! Sie reichte mir einen Becher, und ich trank von der frischen Milch. Wasser und Milch, dachte ich, die immer noch gültige Art, Ankömmlinge zu versorgen. Sie nickte mir lächelnd zu.

Da saß sie vor mir, die Mutter, ruhig, würdig, Sara, zu der mich der Engel gesandt hatte. Sie sah mich an – ein wenig erwartungsvoll, ein wenig ungeduldig – und sagte: »Fang an.«

Was erwartete sie von mir?

Ich begann, ihr von dem zu berichten, was man sich über sie erzählte. Sie schien damit einverstanden zu sein.

Ich bat sie, mich zu unterbrechen, sooft ich die Geschichte, ihre Geschichte, verfälscht wiedergeben würde.

»Deine Geschichte, die Erzmuttergeschichte, begann
vor dem Beginn der Zeitrechnung, damals, nachdem
Apsu und Tiamat, der Fluss und das Meer, das Süßwasser
und das Salzwasser, sich miteinander vermischt und Leben hervorgebracht hatten, damals, als in deiner sumerischen Heimat die große Inanna, die Himmelskönigin
und Erdenmutter, herrschte.«

»Das ist lange her«, unterbrach sie mich, »und längst
vergessen.«

»Nicht ganz, Sara«, widersprach ich und erinnerte sie
an die Zeugen aus jener Zeit, an die Heiligtümer, Amu-
lette, an die vielen Figuren, die im Sand vergraben lagen
und wieder gefunden wurden, an all die Geschichten und
Lieder. »Erinnerst du dich, Sara?«

Sie nickte mir zu und sprach feierlich:

Mein Vater hat mir den Himmel gegeben,
hat mir die Erde gegeben.
Die Himmelsherrin bin ich.
Die Herrenschaft hat er mir gegeben,
die Herrinnenschaft hat er mir gegeben,
die Schlacht hat er mir gegeben,
Das Kampfgetümmel hat er mir gegeben,
den Orkan hat er mir gegeben,
den Wirbelwind hat er mir gegeben.
Den Himmel hat er mir als Krone aufs Haupt gesetzt,
die Erde als Sandale an meinen Fuß gelegt,
den leuchtenden Göttermantel hat er mir umgetan,
das strahlende Zepter in die Hand gegeben.
Die Götter sind wie ängstliche Vögel.
Ich aber bin die Herrin.

AUS EINEM INANNA-HYMNUS, UR, CHALDÄA,
3. JAHRTAUSEND V. CHR.

Noch bevor sie diese uralte Litanei beendet hatte, fiel mir ein, dass ich einmal gehört hatte, Sara und Milka wären in ihrer Heimatstadt Ur als Göttinnen verehrt worden. Und wurde sie nicht bis auf den heutigen Tag als die große Sara, die Urmutter des jüdischen Volkes, verehrt?

Ich sah sie nachdenklich an. »Wer bist du wirklich, Sara?«

Meine Frage schien sie zu erheitern. »*Du* wolltest mir meine Geschichte erzählen!«, sagte sie.

Aber in ihrer Gegenwart fühlte ich mich so unwissend wie nie. Was wusste ich schon von ihr aus ihrer Zeit in Ur in Chaldäa, jener uralten sumerischen Stadt, in der Sin, der Mond, verehrt und angebetet wurde? Es war nicht mehr als die Spitze eines Felsens, der ein wenig aus der Erde ragt. Darüber konnte ich mich mit ihr unterhalten. Aber was wusste ich denn von dem Rest des Berges, der in der Dunkelheit der Erde verborgen liegt?

Ihre Geschichte, die Erzmuttergeschichte, begann damit, dass sie ihren Heimatort Ur in Chaldäa verließ. Mit ihr zogen Abraham, dessen Vater Terach und Lot, ihr Bruder, mit seiner Frau und seinen Töchtern fort.

»Warum seid ihr fortgezogen aus Ur in Chaldäa, eurer alten sumerischen Stadt?«, fragte ich sie.

Und sie antwortete, nachdem sie sich eine Weile besonnen hatte:

Der Feind ist mit Schuhen an den Füßen in mein Gemach eingetreten,
der Feind hat mich mit seinen ungewaschenen Händen angefasst,
hat mich angefasst, hat sich nicht gefürchtet,
ich habe mich gefürchtet,
der Feind hat mich angefasst, hat mich vor Furcht vergehen lassen,

der Feind hat mir mein Kleid abgenommen,
sein Weib damit bekleidet,
der Feind hat mir meine Edelsteine abgerissen,
seine Kleider damit behängt,
in meinem Haus hat er mich gehetzt,
in meinem Bau mich in Schrecken versetzt,
wie eine furchtsame Taube verbrachte ich die Zeit auf
einem Dachbalken,
wie eine schnellfliegende Fledermaus schlüpfte ich in die
Mauerspalten.
Wie einen Vogel hat man mich aus meinem Haus
wegfliegen lassen,
hat man mich, die Herrin, aus meiner Stadt wegfliegen
lassen.

AUS EINEM INANNA-HYMNUS, UR, CHALDÄA,
3. JAHRTAUSEND V. CHR.

Fast bereute ich jetzt, dass ich sie gefragt hatte; denn nun schien sie traurigen Gedanken nachzuhängen, und ich wusste nicht, wie ich mich verhalten sollte. Mir fiel ein, dass ich mir nie Gedanken darüber gemacht hatte, was es für sie bedeutet haben könnte, ihre Heimatstadt Ur zu verlassen. Ich wusste nur, wie es danach weitergegangen war.

Terach, Sara, Abraham und Lot mit seinen Frauen waren mit ihren Tieren so lange von einem Weideplatz zum anderen gezogen, bis der alte Vater die Strapazen des Umherziehens nicht länger ertragen konnte. Da beschlossen sie, an einem geeigneten Ort eine längere Rast einzulegen. In Erinnerung an den verstorbenen Bruder Abrahams nannten sie den Ort Haran. Dort starb Terach. Sie haben ihn in Haran begraben.

Haran. Was wusste ich von diesem Ort? Ich wusste, dass in Haran viele Frauen der Bibel beheimatet waren: die Urmütter Sara, Milka, Debora, Rebekka, Lea, Rahel,

Bilha, Silpa; die Frau und die Töchter Lots und auch die unglückliche Dina. Sie alle hatten einmal in Haran gelebt.

»Ich weiß«, sagte ich, »dass Haran – wie vormals Ur – die Stadt des Sin genannt wurde, dessen Gemahlin die Göttin Scharratu gewesen ist.«

Sara sagte: »Und ihre Tochter war Malkatu.«

Sara und Milka – Scharratu und Malkatu – die Ähnlichkeit ihrer Namen verblüffte mich. Sie sah es mir an und lächelte.

»Was bedeutet dein Lächeln, Sara?«

»Wer erzählt dir solche Geschichten?«, fragte sie zurück.

Da ließ ich mich von ihrem Lächeln anstecken und sagte: »Das Schilf, Sara, die Töne des Schilfrohres, die zu Buchstaben geworden sind und aufgeschrieben und eingefangen wurden in Büchern aus Papier.« Oder war es der Wind gewesen, der Atem des Schilfes, fragte ich mich; war es der Geisthauch gewesen, der die Buchstaben lebendig macht?

Irgendwann hatten Sara und Abraham Haran wieder verlassen. Nur Nahor und Milka waren zurückgeblieben. Damals begann das große Haus schon zu zerbrechen, als Abraham und Sara fortzogen und mit ihnen Lot und seine Frauen, um im fernen, unbekannten Kulturland Kanaan zu siedeln.

»Im Negeb-Gebiet, nahe der ägyptischen Grenze, zwang euch eine Hungersnot, die Hilfe der Ägypter in Anspruch zu nehmen. Damals hast du die Männer und euren ganzen Besitz gerettet, indem du, eine schöne, junge, fremdländische Frau, die Geliebte des Pharao wurdest. Hat dich niemand, weder Abraham noch Lot, daran gehindert, Sara, an den Hof des Pharao zu gehen?«

Sie sagte nichts; aber mir schien, als zuckten ihre Mundwinkel verächtlich.

Da fragte ich sie geradezu: »Abraham musste doch wissen, was dich erwartete! War ihm denn dein Schicksal
egal? Hatte er keine Angst um dich?«

»Ich bin eine Freie und war nie eines Mannes Magd«,
sagte sie stolz. »Ich selbst war verantwortlich für das, was
ich tat. Und ich stand unter dem besonderen Schutz
Gottes«, fügte sie hinzu, »Abraham wusste das.«

Auch der Pharao musste das begriffen haben. Er entließ
sie schon bald wieder und entschuldigte sich. Reich be-
schenkt kehrte sie zu ihren Zelten zurück. So hatte Sara
den Stammesbesitz nicht nur gerettet, sondern ihn sogar
durch die Episode mit dem Pharao reichlich vermehrt.

»War es mit Abimelech, dem König von Gerar, ähn-
lich, Sara?«

Sie tat meine Frage mit einer Handbewegung ab. »Gott
bewahrte mich«, sagte sie, »solange ich mich dort aufhielt, blieb jeder Mutterschoß verschlossen, niemand
wurde schwanger, weder seine Frauen noch seine Dienerinnen.«

»Es muss eine aufregende Zeit am Königshof gewesen
sein, als sie in dir, Sara, einer Gottheit begegneten, die
sich über die Wünsche eines Königs hinwegsetzte.«

Sie stimmte mir lächelnd zu. Mir fiel auf, dass ihr
Lächeln hintergründiger war als ihre Worte. An den Ge-
bärstreik der Frauen am Königshof schien sie sich gern zu
erinnern.

Mich brachte er auf den Gedanken, hinter diesen Er-
eignissen in den Häusern der Könige, die sich wie
Romanentwürfe lesen, mehr zu vermuten als eine feige
Tat Abrahams.

Angenommen, Sara wäre die Repräsentantin eines Kul-
tes gewesen, der mit ihr, der Fremden, dorthin gelangte
und schon bald, nach anfänglicher Begeisterung, Verwir-
rung gestiftet hätte, vor allem durch die Frauen, die ihm
bedingungslos anzuhängen begannen; dann hätte der Kö-

nig des Landes doch gut daran getan, Sara als mächtige Vertreterin dieses sich rasch verbreitenden neuen Glaubens so bald wie möglich wieder loszuwerden.

Die Könige haben sie kurzerhand abgeschoben. Allerdings haben sie ihr, vermutlich aus Angst vor Rache, zuvor reiche Opfer dargebracht und sich erst danach in großer Ehrerbietung von ihr getrennt.

Zumindest schien mir das eine einleuchtende Erklärung dafür zu sein, weshalb diese Geschichte, in der Abraham eine unrühmliche Rolle spielt und Saras Macht deutlich zum Ausdruck kommt, gleich doppelt überliefert wurde.

Ich überlegte, wie ich sie dazu bewegen könnte, mir das Geheimnis ihrer Macht zu verraten; denn dass sie, die große Ahnfrau, nur eine unter vielen Beduinenfrauen gewesen sein sollte, glaubte ich nun natürlich nicht mehr. Aber bevor ich meine Gedanken so weit geordnet hatte, dass ich sie nach Einzelheiten fragen konnte, sagte sie:

»Seitdem wir zu Wohlstand gekommen waren und das Wanderleben aufgegeben hatten, wartete Abraham nur noch auf die Geburt seines Erben.«

Der erfolgsgewohnte Abraham blieb demnach immer noch auf Sara angewiesen. Zwar hatten ihm seine Nebenfrauen Söhne geboren, aber nur sie konnte den rechtmäßigen Nachfolger zur Welt bringen. Sein verzweifeltes Warten muss allmählich unerträglich geworden sein, hätte sie ihn sonst zu Hagar, ihrer ägyptischen Magd, geschickt?

Das war ein dunkles Kapitel in Saras Leben. Ich wusste es. Trotzdem fragte ich: »Du hast es selbst gewollt?«

Sie stand auf und machte sich im Zelt zu schaffen, dabei murmelte sie unverständliche Worte vor sich hin, die wie Verwünschungen klangen. Wie sehr musste sie es bereut haben, dass Hagar ein Kind bekam und nicht sie!

Hagar, die junge, kräftige Ägypterin, das Mädchen, das sie aufgezogen hatte wie eine eigene Tochter, Hagar, die junge Frau, die Vertraute, mit der sie manches Geheimnis teilte, Hagar, die Freundin, die immer verständnisvoll zuhörte, sooft sie von Abrahams größtem Wunsch und von ihren Sorgen sprach, Hagar, die trotz allem die Sklavin war und Saras Anweisungen nachzukommen verpflichtet, von dieser Hagar also erwartete sie, dass sie für sie das Kind austragen und auf ihren Schoß gebären sollte, damit Sara seine rechtmäßige Mutter würde und alles nach dem damaligen Recht geordnet war.

Dachte sie denn, es wäre so einfach, zwei fremde Völker, zwei fremde Kulte zu vermischen? Konnte die Göttin, die Priesterin, die Fürstin Sara denn wirklich glauben, eine andere, eine Ägypterin, könnte stellvertretend für sie ihr uraltes Erbe bewahren?

Sara mochte es für möglich gehalten haben; aber Hagar bewies ihr, wie unmöglich es war und ist, sich selbst, die eigene Geschichte, den eigenen Glauben aufzugeben – sei es gezwungen oder freiwillig.

Aber Sara hatte es verlangt. Hagar wurde schwanger von Abraham. Und mächtig. Das Unvorstellbare geschah: Sie wurde für Sara und für deren Kult zur Gefahr, zu einer Gefahr, die rechtzeitig beseitigt werden musste.

War es so? Oder ist es ganz anders gewesen?

»Wir handelten nach einem Plan«, sagte Sara, »wir berechneten den günstigsten Zeitpunkt der Empfängnis, und ich schickte sie zu Abraham.«

Zunächst schien auch alles zufrieden stellend verlaufen zu sein, und die ganze Angelegenheit wäre nichts weiter gewesen als die übliche Möglichkeit, zu einem Erben zu kommen, indem eine Leihmutter das Kind austrug.

Aber dann hatte eine unberechenbare Kleinigkeit ihr einen Strich durch die Rechnung gemacht: Die Magd gehorchte nicht länger der Herrin. Etwas musste sich ereignet haben, das stärker war als das Gesetz, das die Sklavin an die Herrin band. Jedenfalls trug Hagar allzu stolz den Beweis ihrer Hingabe zur Schau.

Und noch etwas hatte sich ereignet: Sara, die kluge, selbstbewusste Herrin, wurde durch diese Herausforderung zu einer verletzten, eifersüchtigen Frau, die sich betrogen fühlte; denn in dem Vertrag, den sie abgeschlossen hatten, war weder von Liebeslust und Mutterglück noch von irgendwelchen zukünftigen Ansprüchen die Rede gewesen.

Auf meine Frage: »Hagar war glücklich und stolz. War es das, was du ihr niemals verzeihen konntest?«, erwiderte Sara nur: »Ich wünschte sie zum Teufel!«

Hagar floh vor Saras heillosem Zorn in die Wüste. Und Abraham? Ließ er sein Kind im Stich, wenn er schon nicht für Hagar eintrat?

»Wir haben ein Gesetz«, sagte die altgewordene Sara streng. Und Abraham, der Gesetzestreue, hat es selbstverständlich eingehalten, wie er jedes Gesetz eingehalten haben würde, auch wenn es gegen seine Gefühle verstoßen hätte. Ist er nicht auch damit einverstanden gewesen, Isaak, seinen Erben, zu opfern, weil Gott es von ihm verlangte?

Ich hörte Sara sagen: »Nach dem Gesetz kann die Sklavin entlassen werden, sobald die Herrin selbst den Erben geboren hat. Ihr Lohn ist die Freiheit. Hagar und ihr Sohn Ismael haben als Freie unseren Besitz verlassen. Für ihren Dienst wurde sie reichlich entlohnt.«

»Ja, Sara?«

Sie sah mich nachdenklich an. Als wären wir uns erst jetzt unseres Fremdseins bewusst geworden, so abschätzend beobachteten wir uns plötzlich gegenseitig. Was wussten wir schon voneinander, von unseren Gefühlen, von unserem Glauben, von unseren Gedanken?

»Wer hat dich zu mir geschickt?«, fragte sie.

Diese Frage hatte ich längst erwartet. Ich sah mich um. Der Engel stand im Zelteingang und nickte mir zu. Ich antwortete: »Der Engel hat mich zu dir geführt.«

»Dann ist es gut«, sagte sie zufrieden und faltete die Hände im Schoß.

Es blieb lange still im Zelt. Sara saß nun in sich zusammengesunken da. Eine müde alte Frau, die die Schatten der Vergangenheit wieder und wieder heraufbeschwören musste.

Auch ich war müde geworden. Die Stille ringsum begann auch von mir Besitz zu ergreifen. Ich dachte darüber nach, wie glücklich Abraham und Sara wohl wirklich gewesen waren über die Geburt des langersehnten Nachfolgers Isaak. Abraham lachte, als er erfuhr, auch Sara werde einen Sohn zur Welt bringen. Er sagte, er wäre schon zufrieden, wenn nur Ismael am Leben bliebe, Ismael, der als der Sohn der Hagar in die Geschichte einging: *Und ihr Sohn Ismael bewohnte das Land – allen seinen Brüdern zum Trotz.*

Ich fuhr auf, als in der Stille des dämmrigen Zeltes plötzlich geflüsterte Worte an mein Ohr drangen. Ich sah, dass Sara die Lippen bewegte, und hörte sie leise sagen: *»Ich segne dich, so dass Völker aus dir hervorgehen; Könige und Völker sollen dir entstammen.«* Ich wusste, dass dieser Segensspruch ihr, der Fürstin, gegolten hatte, damals, als Gott versprach, mit ihrem Sohn einen Bund zu schließen.

Sie saß da und lachte zufrieden in sich hinein. Sie, sie allein war dazu auserwählt, das Gottesvolk zur Welt zu bringen. Weder Hagar, von der Gott gesagt hatte: *Den Sohn der Magd will ich zu einem großen Volk machen,* noch Ketura oder den anderen Nebenfrauen Abrahams, die ihm Söhne geboren hatten, war diese große Verheißung zugesprochen worden. Die galt ihr, der Fürstin Sara, die von alters her das Zepter fest in der Hand hielt. Sie allein war auserwählt.

Zu Abraham hatte der Engel gesagt: »Höre auf alles, was Sara dir sagt!« Und er, der gehorsame Gottesknecht, hatte niemals gewagt, ihr zu widersprechen. Er hatte immer auf sie gehört, selbst dann, wenn ihre Wünsche seinen eigenen Vorstellungen nicht entsprachen; denn Abraham wusste, dass Gott mit Sara war.

Ich versuchte mir vorzustellen, wie ganz anders alles geworden wäre, wenn sie statt des Sohnes eine Tochter geboren hätte – obwohl mir bekannt ist, dass die Vätergeschichte keine mächtigen Töchter und Frauen duldete. Nein, das Patriarchat wollte keine Frauen wie dich, Sara! Dennoch konnten die Geschichtsschreiber nicht vermeiden, dich zu erwähnen, weil du die Herrin warst.

Aber nun war sie, die Herrin, die Urmutter, die selbstbewusste, mächtige Frau, die göttliche Sara, müde geworden. Es war Zeit für mich, zu gehen. Als ich aufstand und mich leise dem Zeltausgang zuwandte, sah sie auf und nickte mir freundlich lächelnd zu. So wird sie mir in Erinnerung bleiben, lächelnd. »Gott ließ mich lachen«, sagte sie damals, als sie Isaak gebar.

Nachdem ich bereits eine längere Strecke gegangen war, erreichte ich eine Anhöhe. Ich wandte mich um und glaubte, in der Ferne ihr Zelt inmitten der anderen Zelte zu erkennen.

Aber stand es denn wirklich da? War es nicht meine Phantasie, die es mir vorspiegelte? Und war es das Flüstern des Windes im trockenen Gras, oder war es die Stimme des Engels, oder war es ihre Stimme, die mir zuraunte: »Hältst du das etwa alles für wahr, was sich die Männer am Lagerfeuer erzählen?«

Erschrocken sah ich mich um. Niemand war in der Nähe. Und doch lag ein Lachen in der Luft. Um nichts in der Welt hätte ich es eingestanden; aber im Weitergehen musste ich plötzlich in das Lachen einstimmen; denn ich hatte ihnen ihre Geschichten tatsächlich geglaubt.

1. MOSE 11,27-32; 12,4-6.10-20; 16,1-6; 17,15-22; 18,1-15; 20,1-18; 21,1-12; 23,1-4; 24,67; 25,1-6; 49,31-32

Hagar

Die folgenden Tage verbrachte ich unter dem Schutz des Engels in der Einöde. Er ließ mir Zeit, an Sara zu denken. Doch dann gab er mir wieder das Zeichen zum Aufbruch, und ich setzte meine Wanderung fort. An der Wegbiegung traf ich endlich wieder auf Menschen. Mir war trotz der Allgegenwart des Engels unheimlich geworden in dieser einsamen Gegend.

Wie erstaunt sie mich ansahen, fast erschrocken. Dabei hätte ich erschrecken können über ihren Anblick. Sie sahen wild und unheimlich aus in ihren Schafpelzen, die ihnen zottig über die Schultern hingen. Sie waren wortkarg und schienen müde zu sein. Ich schloss mich ihnen an in der Annahme, sie würden zu einer Unterkunft unterwegs sein, um einen Schlafplatz zu finden für die Nacht. Ich hatte mich nicht getäuscht. Nach einer Wegstrecke, die wir schweigend zurückgelegt hatten, tauchten in der Ferne Lichter auf. Was mochten sie von mir halten, ging es mir durch den Kopf, dass ich ihnen nachlief wie eine sträunende Katze? Aber um ehrlich zu sein, mich interessierten ihre Gedanken gar nicht. Und nun, wo wir den Ort fast erreicht hatten, als uns bereits die Melodie eines Flötenspielers und munteres Lachen entgegenklangen, kümmerte mich ihre Meinung weniger denn je.

An der Wasserstelle, die ich gleich darauf linker Hand am Weg erkannte, blieb ich stehen und ließ sie allein weitergehen. Sie sahen noch ein paar Mal zu mir zurück; aber dann trennte uns die Dunkelheit endgültig voneinander.

Erst jetzt merkte ich, wie müde ich war. Warum sollte ich nicht hier ein wenig verweilen, mich ausruhen und erfrischen, bevor ich mich nach einer Herberge umsah, in der ich die Nacht verbringen würde? Der Boden ringsum schien fest und trocken. Das Brunnenseil war hochgezogen und die Öffnung des Brunnens fest verschlossen.

In unmittelbarer Nähe der Quelle entdeckte ich einen steinernen Trog, der bis an den Rand mit frischem Wasser gefüllt war. Als ich mich darüberbeugte, um meine Hände hineinzutauchen, sah ich in den Sternenhimmel. Ich verhielt mitten in der Bewegung und beugte mich tiefer über das Wasser, um den leuchtenden Sternen näher zu sein. Da sah ich auf dem dunklen Grund ein Gesicht und Augen, die mich anblickten. Erschrocken starrten wir uns an. Ich beugte mich tiefer – da tauchten die Enden meines Schultertuches ins Wasser, und das Gesicht und die Sterne verschwanden. Mein Lachen mag etwas zu laut geklungen haben in der Stille ringsum.

Nachdem ich mich ausgiebig erfrischt hatte, setzte ich mich auf den Rand des Wassertrogs und aß von meinen mitgebrachten Vorräten. Die Nacht hatte mich längst in ihre weiche Dunkelheit eingehüllt, und mich zog plötzlich nichts mehr zu den Lichtern des Dorfes, das ich in wenigen Minuten erreichen konnte. Und der Engel ließ mich gewähren.

Ich ließ mich in der Nähe der Quelle nieder, breitete meine Matte aus und deckte mein schwarzes Schultertuch über mich. Wie tief der Himmel war und wie nah die Sterne! Mir schien, als fielen sie nach und nach auf die Erde. Rings um mich her funkelte und glänzte es im Gras und im Gebüsch. Es war die Nacht der Leuchtkäfer. Ich lag ganz still und rührte mich nicht. Die Arme unter dem Kopf verschränkt, sah ich nichts als das Leuchten in der Dunkelheit und hörte nichts als ein leises Rascheln und Raunen im Gras neben mir und das Zirpen der Grillen.

Plötzlich sahen mich wieder die dunklen Augen an. Es waren die Augen einer Frau. Und ich sah es wie von Diamanten und Edelsteinen funkeln in ihrem schwarzen Haar. Ich sah die zierlichen Ringe an ihren Fingern und Zehen blinken und die goldenen Reifen an ihren Armen und Fußgelenken. Aber erschrocken war ich nun nicht mehr.

Als sie sich neben mich setzte, streifte mich ihr silbergrauer Schleier, spinnwebfein berührte er meine Haut. Der Duft, der sie umgab, enthielt alles, woran ich mich jemals ergötzt hatte. Und mehr. Es war der Pfirsichduft der gelben Himmelsschlüssel, der schwere, süße Duft der lila Nachtviolen, ein Hauch von wilden Rosen und von Sandelholz.

Wovor sollte ich erschrecken? Vor der Schönheit dieser Unbekannten? Ach nein. In mir war nichts als Freude, dass sie zu mir gekommen war. Würde sie bleiben?

Irgendwann musste sie sich neben mir ausgestreckt haben; denn als wir miteinander redeten, war ihr Mund an meinem Ohr. Wir sprachen leise miteinander. Jemand, der in unsere Nähe gekommen wäre, hätte keines unserer geflüsterten Worte verstanden. Er hätte sie für das Wispern der warmen Nacht gehalten.

In dieser Nacht erfuhr ich viel von ihr, der Fremden, der Ägypterin. Sie nannte sich Hagar.

Dass sie nicht gut auf die Israeliten zu sprechen war, wunderte mich nicht, schließlich war sie von ihnen gewaltsam aus ihrer Heimat entführt worden. Obwohl sie damals noch ein Kind war, hatte sie ihre Herkunft doch nie vergessen. Unverkennbar lag Verachtung in ihrer Stimme, sooft sie einen von ihnen erwähnte. Auch den Namen Abraham sprach sie verächtlich aus; gelegentlich fügte sie ihm sogar das Wort Feigling hinzu.

»Abraham, der Feigling«, sagte sie zum Beispiel, »wagte ja nicht einmal, der Fürstin« – nie nannte sie Sara anders als *die Fürstin* – »ins Gesicht zu sehen. Wie hätte er mit ihr ein Kind zeugen können!«

Und ich überlegte, ob er in Saras Gegenwart wirklich unsicher und unbeholfen gewesen war.

»Aber sie wurde schwanger von ihm, Hagar«, wandte ich ein.

»Ja«, sagte sie, »nachdem die rasende Eifersucht sie von ihrem hohen Thron heruntergeholt hatte.«

Es muss eine regelrechte Zerreißprobe zwischen den beiden Frauen geworden sein, was zunächst nur eine vernünftige, wenn auch nicht alltägliche Abmachung und Dienstleistung gewesen war. Sara, die Herrin, beauftragte Hagar, die Sklavin, für sie ein Kind zu empfangen und auszutragen. Danach hätte sie, die Magd, lebenslang als Amme in Saras Zelten Wohnrecht gehabt und wäre eine hoch geachtete Frau gewesen.

»Was ist denn geschehen, Hagar, dass euer Vertrag nicht eingehalten wurde?«

Vielleicht fragte ich sie das eine Spur zu neugierig, denn ich erhielt keine direkte Antwort darauf. Aus ihren leisen Worten, die sie zornig vor sich hin murmelte, hörte ich nur die Worte *Feigling* und *jene Nächte* heraus.

Aber wenn ihr auch Abraham Versprechungen gemacht haben sollte, die später nicht einzuhalten waren, ja hätte er sie auch geliebt, so musste sie selbst doch vernünftig genug gewesen sein, seinen Worten nicht zu glauben, die er ihr *in jenen Nächten* leidenschaftlich ins Ohr flüsterte.

»Vernunft!«, zischte sie verächtlich, »ein junges, unwissendes Ding wie ich, das zum ersten Mal in den Armen eines Mannes liegt, in den Armen Abrahams, wie sollte ich denn vernünftig sein, wenn er mir doch den Himmel versprach?«

Nein, vernünftig war sie nie gewesen, die junge, leidenschaftliche Hagar. Wäre sie sonst hochschwanger in die Wüste gerannt? Wäre sie sonst Gott begegnet? Bis hierher, zu dieser Quelle, war sie gelaufen in ihrem hilflosen Zorn. Aber hier hatte sie der Engel erwartet, um sie zu trösten in ihrer verzweifelten Einsamkeit. Damals begann Hagar, das junge Mädchen, unter Schmerzen erwachsen zu werden. Aber es gehörten noch viele Tränen, bitterer Zorn und große Angst dazu, bis aus ihr die selbstbewusste Frau wurde, die das Sklavenhaus verließ.

Den Prozess ihrer Wandlung konnte ich, mühsam zwar, aber doch einigermaßen deutlich, ihren teils hastigen, teils ruhigen Worten entnehmen, die sie mir zuflüsterte. Ich lag still da und lauschte ihrer Stimme. Meine Augen sahen nichts als den goldenen Glanz der Sterne in der schwarzblauen Nacht. Meine Ohren hörten nichts als den wechselnden Klang ihrer Stimme, das leise Klirren ihrer goldenen Reifen, die aneinander stießen, wenn sie sich bewegte. Meine Hände fühlten den weichen Stoff ihres Gewandes und ihre Haut, sooft sie, seltsam zart, meine Haut berührte.

Der Prozess ihrer Wandlung hatte hier begonnen, an dieser Wasserstelle, unter diesen Sternen, die unverändert weiterleuchteten. Damals begann aus dem verträumten Mädchen eine erwachsene Frau zu werden, die zurückging in das verhasste Haus, um dort im Schutz der Menschen ihr Kind zur Welt zu bringen. Als es geboren war, gab Abraham, der Gehorsame, ihm den Namen, den sie ihm nannte: *Ismael, Gott hört.* »Gott hörte auf *mich*«, sagte sie, »das sollte er niemals vergessen.«

Ob Sara es auch nicht wieder vergaß? Sara, die ebenfalls auf den Beistand Gottes hoffte in ihrem verletzten Stolz? Sara sagte zu Abraham: »*Gott entscheide zwischen mir und dir!*« Sie forderte ein Gottesurteil in ihrer Not. Und Gott entschied sich auch für sie. Sie wurde schwanger und brachte Isaak zur Welt.

Aber der frauen- und kinderfreundliche Gott konnte offenbar nicht verhindern, dass Abraham die Ursache eines erbitterten Streites zwischen den beiden Frauen war. Gott hatte ihm geraten: »*Höre auf alles, was deine Frau Sara zu dir sagt.*« Und als Sara forderte: »*Verstoße diese Magd und ihren Sohn!*« da tat er es.

»Abraham, der Feigling, gab mir einen Laib Brot, hängte mir einen Schlauch Wasser über die Schulter und entließ mich mit meinem Sohn, wie es das Gesetz in solch einem Fall erlaubt, in die Freiheit.«

Zum ersten Mal hörte ich sie lachen, wenn es auch ein bitteres Lachen war.

»Die Freiheit«, sagte sie nach einer Weile so leise, dass ich Mühe hatte, ihre Worte zu verstehen, »war für mich nichts als eine entsetzliche Wüste in ihrer Unendlichkeit. Gegen diese entsetzliche Freiheit hätte ich jederzeit die Sklaverei wieder eingetauscht. Damit hast du mich nicht befreit, Abraham! Die Wüste Freiheit, die ich mit meinem Kind geschenkt bekam, war die Art Freiheit, die man mit dem Tod bezahlt.«

»Aber du, Hagar«, sagte ich in das Klingen hinein, das überall zu sein schien, in meinem Kopf, neben mir im Gras und über mir in der Luft, »du hast die Quelle entdeckt. Du hast ihr einen Namen gegeben: Brunnen des Lebendigen, der nach mir schaut, hast du sie genannt.«

»El Roi«, sagte sie zärtlich, als wäre ihr im Traum der Name dessen eingefallen, der sich ihrer erbarmte. »*Ein Gott, der nach mir schaut.*«

Gott, das war für die Ägypterin Hagar das Wasser, das aus der Erde quillt, eine Oase mitten in der heißen Todeswüste, eine Rettung in der höchsten Not. Sie gab der Gotteserscheinung einen Namen, die zu ihr gesagt hatte: »*Nimm deinen Knaben fest an die Hand*« und die sie dem Leben zurückgab. Aber im Gegensatz zu den Männern baute sie, die Frau, Gott keinen Altar.

»Was war das für eine Gottheit, Hagar«, fragte ich sie, »die dir im Wasser erschien, die du dir einverleibtest, indem du von ihr trankst, die dich stärkte, als deine Kräfte schwanden und du schwach wurdest, die dich hoffen ließ, als du alle Hoffnung verloren hattest? Welcher Gottvater oder welche Gottmutter hat sich deiner erbarmt, Hagar, als du nicht weiter konntest?«

Ich hörte ihr leises Flüstern nahe an meinem Ohr. Wie oft mochte sie diese Worte schon gesagt haben, wie unvergessen war alles geblieben:

Wie der Hirsch schreit nach frischem Wasser,
so schreit meine Seele, Gott, nach dir.
Meine Seele dürstet nach Gott,
nach dem lebendigen Gott.
Tränen waren mein Brot bei Tag und bei Nacht;
denn man sagt zu mir den ganzen Tag:
Wo ist nun dein Gott?   PSALM 42,1-4

Alles um mich her schien diese Frage zu wiederholen: *Wo ist nun dein Gott?* So lange, bis es auf einmal ganz still wurde an der Wasserstelle. Kein Windhauch regte sich mehr. Mich fröstelte. Ich versuchte, meine Decke über mich zu ziehen. Ich öffnete die Augen und sah mich um. Die Nacht war vorüber. Grauer Frühnebel, der den Brunnenplatz in dichten Schwaden umwehte, tauchte die Welt in ein eigenartig unwirkliches Licht. Mir war kalt. War alles nur ein Traum gewesen?

Ich sprang auf, jetzt hellwach, und versuchte, in dem grauen Dunst, der mich einhüllte, etwas zu erkennen. Nichts war zu sehen. Nicht einmal die Quelle, von der ich wusste, dass sie ganz in der Nähe war. Aber gerade in dem Moment, als es mir unheimlich zu werden begann in dieser gottverlassenen Einsamkeit, riss die Nebelwand auf und ließ eine fahle Sonne durch das wehende Grau scheinen.

Und da sah ich sie in diesem hellen Streifen, der sich sogleich wieder schloss, die fremde Frau. Ihre goldenen Reifen klirrten aneinander, als sie wieder im dichten Nebel verschwand. Ein Hauch von Himmelsschlüsseln, Nachtviolen, wilden Rosen und Sandelholz wehte zu mir herüber. Ich drückte das schwarze Tuch an mein Gesicht und atmete die Erinnerung an diese seltsame Nacht tief in mich ein. Dann sah ich der Fremden lange nach, obwohl sie längst meinen Blicken entschwunden war, als hätte sie sich im Nebel aufgelöst.

Die Nacht hat mich getäuscht, dachte ich. Aber ich hatte immer noch ihre Stimme im Ohr, ihre junge, trotzige Stimme, die sagte: »Ich bleibe! Niemand wird es je gelingen, mich von diesem Brunnen zu vertreiben. Er gehört mir und meinen Kindern in Ewigkeit. Ich bleibe, Israel!«

Sie war geblieben. Im Sternenglanz, im Duft der Wildnis, im wispernden Gras und Strauch, im grauen Nebel, im klaren Wasser der Quelle und in den Menschen, die hier siedelten. Sie war dageblieben, Hagar, die Freie, die nicht verloren ging. So wie sie es gesagt hatte.

1. MOSE 16,1-15; 21,9-21; 25,12-18

Ketura

In der Nähe Beerschebas, nahe den Weideplätzen, stand sie vor dem Zelt und sah aufmerksam den Weg entlang. Weil der heiße Ostwind ihr in den Augen brannte, zog sie sich aber bald wieder in ihre dämmrige Behausung zurück. Sie machte sich an der Kochstelle zu schaffen und wartete.

Es kam ihr vor, als habe sie seit damals, als er zum ersten Mal gekommen und wieder gegangen war, nichts anderes getan als gewartet. Aber das war natürlich Unsinn. Sie hatte zu tun gehabt. Als junges Mädchen war sie mit den Schafen und Ziegen ihrer Sippe von einem Futterplatz zum anderen gezogen, und später hatte sie sich außer um das Vieh auch noch um ihre eigenen Nachkommen kümmern müssen. Sechs Kinder hatte sie geboren. Sechs kräftige Söhne.

Sara, die Fürstin, hatte lange Zeit nichts von ihr gewusst. Aber irgendwann erfuhr sie es dann doch von einem der Schafscherer, dass Abraham ein Beduinenmädchen liebte.

Ketura hätte gern herausbekommen, wie sie diese Mitteilung aufgefasst hatte. Doch Abraham wollte nicht darüber reden. »Wenn ich bei dir bin, will ich glücklich sein und meine Ruhe haben!«, pflegte er zu sagen.

Aber so einfach ließ sie sich nicht abspeisen. Sie fand, dass sie ein Recht darauf hatte, alles zu erfahren. Und es war ja nicht schwer für sie, Mittel und Wege zu finden, um etwas über die Fürstin herauszubekommen. Sie brauchte nur eine ihrer Stickereien zu opfern, und schon richtete ihr der Händler aus, was er in Kirjat-Arba gehört und gesehen hatte.

»Als die Fürstin erfuhr, dass Abrahams Nebenfrau einen Sohn nach dem anderen bekam, wo sie doch immer noch ohne Erben war, hat sie ihm befohlen, mit ihrer ägyptischen Magd ein Kind zu zeugen. ›Ich will ein Kind‹, forderte sie, ›und wenn ich es nicht selbst bekommen kann, dann soll es eben meine Sklavin für mich austragen.‹«

»Niemals«, unterbrach ihn Ketura entrüstet, »niemals gibt Abraham sich für so etwas her!«

Der Händler sah sie an, wiegte bedenklich den Kopf und sagte lächelnd: »Es ist aber nicht zu übersehen, dass Hagar, die Magd, schwanger ist. Außerdem«, fügte er hinzu, »hat sie neuerdings eine Art, mit der Fürstin zu reden, dass man deutlich merkt, wie sie ihre Schwangerschaft zu ihrem eigenen Vorteil auszunutzen versteht.«

Ach, dieses Grinsen des Händlers!

»Und Sara?«, fragte Ketura, »Sara lässt sich das gefallen?«

»Nein, nein«, sagte er, »ihr Ärger über das unverschämte Verhalten ihrer Sklavin ist nicht einmal mir, dem Händler, der zufällig vorbeikommt, verborgen geblieben. Der arme Abraham hat ganz bestimmt nichts zu lachen!«

Das sagte er so bedrückt, als könnte er sich gut in dessen Lage versetzen.

»Aber das Neueste ist mir erst unterwegs zu Ohren gekommen«, erzählte er. »Saras Sklavin ist davongelaufen! Man hat sie halbtot vor Angst und Durst in der Wüste gefunden und wieder an den Hof der Fürstin zurückgebracht. Inzwischen wird sie das Kind wohl schon geboren haben.«

Nachdem der Händler es ihr lang und breit erzählt hatte und weitergezogen war, spürte Ketura einen heillosen Zorn in sich aufsteigen. Kinder und Hunde, Hühner und Ziegen brachten sich erschreckt in Sicherheit; denn ihrer Empörung über Abraham, Sara, über Hagar und über die ganze Welt ging sie nun mit Besen und Eimern und lautem Gepolter zu Leibe. Würde Abraham sie so sehen, er hätte seine sanfte Geliebte nicht wieder erkannt.

Aber er sah sie nicht so. Als er Wochen später vorbeikam, war ihre Wut verflogen, und sie war nur noch glücklich, dass er gekommen war.

Damals hatte er angefangen, mit ihr über alles zu reden.

»Ich bin überrascht«, sagte er leise, um die anderen nicht aufzuwecken, »wie gelassen du meine Worte aufnimmst. Sehr dankbar bin ich dir, Ketura, dass du mir nicht auch noch Schwierigkeiten machst.«

Ketura schwieg.

Sie erfuhr in jener Nacht, dass Hagar einen kräftigen Sohn geboren und ihn Ismael genannt hatte.

»Und wenn alles gut geht«, flüsterte Abraham, »wird auch Sara noch ein Kind bekommen.«

Ketura war es ausnahmsweise recht, dass er sie bereits am nächsten Tag wieder verlassen musste.

»Wie froh bin ich«, sagte sie sich, »dass ich nicht mit diesen Frauen und Kindern unter einem Dach leben muss! Wie dreimal froh bin ich, dass ich hier bei meinen eigenen Leuten leben kann!«

Als Sara dann tatsächlich einen Sohn geboren hatte, nannte sie ihn Isaak. »Aber er ist leider ein schwächliches Kind«, berichtete Abraham, als er wieder in Beerscheba vorbeikam, »und nicht zu vergleichen mit unseren Söhnen oder mit Ismael, der bereits den ganzen Hof unsicher macht mit seinen Streichen.«

»Und die beiden Frauen?«, fragte Ketura.

»Ach«, seufzte er, »die sind immer noch wie Hund und Katze!«

Sie vermutete, dass Hagar wahrscheinlich mitsamt ihrem Kind über kurz oder lang wieder in die Wüste fliehen würde. Aber das sagte sie nicht laut.

Die Jahre gingen dahin – Trockenzeit, Regenzeit, ein Reigen gleichmäßiger Tage und Nächte, unterbrochen nur von Willkommensfreude, Abschiedsschmerz und dem ermüdenden Warten.

Bis Abraham eines Tages gekommen war und zu Ketura gesagt hatte:

»Nun werde ich für immer bei dir bleiben. Meinen Hof in Kirjat-Arba habe ich Elieser, meinem Verwalter, übergeben, der ihn für Isaak bewirtschaftet.«

Seit dieser Zeit lebten sie zusammen in Beerscheba, und Abraham kümmerte sich um alles. Ketura musste sich daran gewöhnen, dass sie nicht mehr über die Schafe und Ziegen zu bestimmen hatte, denn Abraham nahm ihr die Arbeit in den Hürden ab; aber ihre Sippe nahm ihn freundlich auf, und sie fühlte sich sicher in seinem Schutz und geborgen.

Als er die Nachricht bekam, dass Sara, die Fürstin, gestorben war, hatte er seine besten Kleider eingepackt und gesagt: »Ich muss dich noch einmal verlassen, Liebste, um meine Tote zu begraben. Ich werde mit Ephron, meinem alten Nachbarn, um ein Stück Land verhandeln, auf dem die Fürstin würdig bestattet werden kann.«

Ketura wartete viele Tage auf seine Rückkehr.

Ob Abraham wohl auch für mich eine teure Grabstätte errichten wird? überlegte sie. Aber dann stellte sie sich vor, wie sehr er weinen würde, wenn sie ihn einmal verlassen müsste.

Und das tröstete sie.

1. MOSE 22,19; 23,1; 24,58-59; 25,1-6; 35, 8;
1. CHRONIK 1, 32-33

Debora

Der Engel machte wenig Worte. So selbstverständlich wie jemand, der voraussetzt, dass seine Dienste dankbar angenommen werden, ging er vor mir her. Und ich – dankbar oder nicht – folgte ihm in der Erwartung, dass er mich sicher dorthin geleiten würde, wohin ich unterwegs war.

Während wir gelassen die Grenzen von einer Generation zur anderen überschritten – wir waren auf dem Weg zu Rebekka -, dachte ich zurück an Sara. Ich überlegte, warum sie mir verschwiegen hatte, dass Abraham sich von ihr trennte und in Beerscheba geblieben war, während sie bis zu ihrem Lebensende in Hebron allein lebte.

Ausgerechnet Saras Grab, dachte ich, war der erste Landbesitz des Volkes geworden. Und erst nach ihrem Tod wurden Isaak und Rebekka ein Paar. Sara, die Fürstin, duldete offenbar keine andere Frau neben sich, weder Hagar noch Ketura oder die anderen Nebenfrauen, noch eine Schwiegertochter. Sie war die Herrin, die Alleinherrschende, seitdem sie sich von Milka getrennt hatte.

Der Engel unterbrach meine Gedanken und sagte: »Auf dem Weg zu Rebekka machen wir einen Umweg über Bet El. Bet El ist ein uraltes Heiligtum, und Deboras Platz.«

Ich hatte nichts dagegen. Weil ich mich dort schon häufiger aufgehalten hatte, fühlte ich mich in Bet El sogar schon ein wenig zu Hause. Aber Debora? Debora kannte ich nicht.

Das letzte Stück ließ mich der Engel allein gehen. Als ich mich dem Brunnen näherte, sah ich, dass sich etwas Besonderes ereignet haben musste. Die Frauen hatten ihre Krüge abgesetzt und standen in Gruppen beieinander. Nicht wie sonst empfing mich ihr fröhliches Geplauder. Kein Lachen, keine Scherzworte waren zu hören.

»Was ist passiert?«, fragte ich.

Sie klagten: »Debora ist tot!«

Die Mägde standen traurig und ratlos da. Immer wieder begann die eine oder andere davon zu berichten, was sie ihr zu verdanken habe; und jedes Mal löste das ein erneutes Weinen und Klagen aus.

»Debora wusste alles«, sagte Mirjam und wischte sich mit dem Ärmel ihres weiten Gewandes über die Augen, »niemand kannte die Sitten und alten Gebräuche so gut wie sie.«

»Hat sie sie euch nicht gelehrt?«, fragte ich ein wenig verwundert über die allgemeine Ratlosigkeit.

»Was Debora wusste, kann niemand lernen. Sie war anders als wir. Sie war eine weise Frau.« Mirjam sagte es ehrfürchtig, und alle nickten zustimmend.

»Die arme Rebekka«, klagte die schwarze Hanna, »sie hat am meisten verloren.«

Ja, darin waren sie sich einig. Rebekkas Mägde, die heute zweifellos viel Beachtung fanden, trauerten besonders laut und erzählten besonders bereitwillig, sooft sie danach gefragt wurden, wie es vor ihrer großen Reise gewesen war, als Rebekka und Debora noch in Haran, im Frauenhaus, lebten.

Sie antworteten auch mir auf meine Fragen, als ich mich ihnen anschloss, nachdem sie ihre Krüge endlich gefüllt hatten und sich anschickten, heimzugehen. Von ihnen erfuhr ich, was sich damals in Haran ereignet hatte, als Rebekka, das kleine Mädchen, in heller Aufregung vom Wasserholen zurückkam und von dem reichen, fremden Mann erzählte, dem sie am Brunnen begegnet war.

Mirjam erzählte mir – wie oft mochte sie seitdem davon geträumt haben, dass ihr ein ähnliches Wunder widerfahren könnte! –, wie aufgeregt Rebekka ihrer Familie alles berichtet hatte, wie stolz sie den teuren Nasenring und die goldenen Armspangen herumzeigte, die ihr der fremde Mann geschenkt hatte. Als sie dann auch noch berichtete, dass der Fremde ein Bote Abrahams sei, wurde das Erstaunen noch größer. Laban, Rebekkas großer Bruder, war augenblicklich zum Brunnen geeilt und hatte den Fremden ins Haus geholt. Mirjam schilderte ausführlich die Brautwerbung und die reichen Geschenke, die der Gast den Eltern Rebekkas überreicht hatte. Sicher übertrieb sie ein wenig; aber es musste schon außergewöhnlich üppig gewesen sein, was der alte Abraham seinem Boten mitgegeben hatte.

Wir näherten uns bereits der Herberge, als sie immer noch bei der Beschreibung der Brautgaben war. Mich interessierte nun natürlich, welche Rolle Debora dabei gespielt hatte.

»Debora?«, fragte mich Mirjam erstaunt, »Debora war doch Rebekkas Mama!«

Verblüfft blieb ich stehen. Nach dem, was ich bis jetzt über sie gehört hatte, hatte ich sie für Rebekkas Amme gehalten. Was hatte sich Mirjam da zurechtgesponnen? Es muss wohl ein wenig streng geklungen haben, als ich zu ihr sagte: »Wie kannst du so etwas sagen, Mirjam!«, denn sie sah mich erschrocken an, raffte ihre weiten Röcke und verschwand im Toreingang.

Unschlüssig stand ich eine Weile da. Dann ging ich meinen Gedanken nach und fand mich bald darauf allein auf dem Weg, der aus Bet El hinausführt. Ich ging hinauf

zur großen Eiche, die Jakob später die Trauereiche
nannte. Ein paar Männer schichteten unter der Eiche
Steine auf. Es war Deboras Grab, daran zweifelte ich keinen Augenblick.

Ich setzte mich auf einen Stein am Wegrand. Meine
Gedanken waren bei der Toten, die hier ihre letzte Ruhe
gefunden hatte, Debora aus Haran, die Vielgeliebte und
Hochverehrte, die Nährmutter Rebekkas.

Wer war Debora? Rebekka hatte Vater und Mutter,
Schwestern und Brüder verlassen. Nur Debora war bei ihr
geblieben auf der langen Reise in ein fremdes Land. Sie
war nicht einen Augenblick von ihrer Seite gewichen. Bis
zu ihrem Tod war sie Rebekka treu geblieben. Um Ammendienste verrichten, um einem fremden Kind die
Brust geben zu können, musste sie ein eigenes Kind geboren haben. Was war mit diesem Kind? Wer hatte es versorgt, während seine Mutter Rebekka versorgte? War es
gestorben?

Oder hatte Mirjam die Wahrheit gesagt? War Debora
Rebekkas Mama? War sie vielleicht die Geliebte ihres Vaters gewesen? Waren also der Syrer Betuel und Debora die
wirklichen Eltern Rebekkas?

Wer war aber dann die Frau, die *Mutter* genannt
wurde? Sie hieß Milka. Sie war die Tochter Harans, die
Frau Nahors und die Mutter Betuels. Sie war also in
Wirklichkeit nicht Rebekkas Mutter, sondern ihre
Großmutter.

Milka von Haran, die Große Mutter und Herrin, liebte
ihr schönes, außergewöhnliches Kindeskind Rebekka. Als
der Bote darauf bestand, die Rückreise so rasch wie möglich anzutreten, weil er wusste, wie dringend der alte,
kranke Abraham auf die Ankunft seiner Schwiegertochter, der Nachfolgerin Saras, wartete, da fiel ihr der Abschied sehr schwer. In ihrer berechtigten Sorge um Rebekkas Schicksal tröstete es sie sicherlich, dass sie sie in

der Obhut Deboras geborgen wusste. Wenn sie, die treue Hüterin ihrer Kindheit, weiterhin über Rebekka wachte, was konnte ihr dann geschehen?

So zogen die beiden Frauen miteinander fort aus ihrer Heimat in Syrien, um in Kanaan eine neue Heimat zu finden. Welchen Glauben hatte Debora? Welchen Einfluss mochte sie auf Rebekka gehabt haben? Welche Träume, Visionen, Ahnungen hatte Rebekka, die Stamm-Mutter, mit der Muttermilch ihrer Amme eingesogen?

In der Heimat Deboras, die sie um Rebekkas willen verlassen hatte, nicht um ihrer selbst willen – niemand versprach ihr, der Treuen, reiche Nachkommenschaft in der Fremde –, herrschte die große Göttin, die Mutter des Lebens, die Schwester und Gattin der Götter, die Vertraute der Frauen. Sie half den Menschen wie der ganzen Natur und Kreatur bei Geburt und Tod und Wiedergeburt, dem ewigen Kreislauf der Erdenbewohner. Sie lebte in jedem Busch und Strauch und Baum, in jedem lebendigen Wasser, das aus der Erde, dem urmütterlichen Schoß, hervorquillt. Sie strahlte im Glanz des Mondes und der Sterne und wurde von allen verehrt. Besonders von Frauen, denn ihnen hatte sie ihre Leben spendenden Eigenschaften übertragen.

Niemand hat es mir erzählt. Aber als ich an Debora dachte, an ihre Treue, und an die Frauen, die um sie trauerten, an Rebekka vor allem, da ging mir plötzlich auf, dass all diese Frauen ein ganz eigenes Leben, ein weibliches Leben, geführt haben. Sie lebten *ihr* Leben, dachte ich und wurde mir bewusst, dass auch ich bin wie sie, auch wenn ich in ihrem Land die Fremde und die ganz andere bin.

Ja, *wir leben unser* Leben, dachte ich und fühlte sogleich, wie sich tief in mir ein gutes, warmes Gefühl auszubreiten begann: Ich fühlte mich schwesterlich verbunden mit all den vielen Frauen, deren Lebensgeschichten ich in den alten Schriften gelesen hatte, und mit all denen, die in diesen Geschichten nicht vorkommen. All die vielen Töchter, Schwestern, Freundinnen, Mütter, Ehefrauen, all die vielen klugen und unklugen Frauen waren meine Schwestern, meine Freundinnen, Mütter und Töchter.

Eine von uns war begraben worden unter diesem Baum. Aber bevor sie starb, hatte sie es weitergegeben, das Geheimnis ihres Lebens. Und so würde sie immer weiterleben, die Kraft, die in uns Frauen wohnt.

Eine von uns war gestorben: Debora. Aber irgendwo auf der Welt würde wieder ein Kind geboren werden, ein Mädchen, und die Weiblichkeit weitergeben. Unser Geschlecht ist unsterblich. Solange die Erde lebt, leben wir, Deboras Töchter.

1. Mose 24,58-59; 35,8

Rebekka

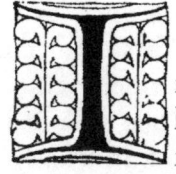n Bet El hätte ich mich gern länger aufgehalten. Aber schon hieß es Abschied nehmen.

»Wir kommen wieder«, sagte der Engel, als habe er mein Bedauern gespürt. Wir machten uns also auf den Weg. Er sagte, dieser Weg führe zu Rebekka.

Aber ich habe sie nie gesehen, obwohl ich mich tage-, ja wochenlang in ihrer Nähe aufhielt. Sie lebte damals schon zurückgezogen. Seit Isaaks Tod hatte sie ihr Haus nicht mehr verlassen. »Ich habe alles getan, was Gott von mir erwartet hat«, soll sie einmal gesagt haben, »nun ist es genug.«

Den Bewohnern Hebrons war sie eine Fremde geblieben. An deren Festen nahm sie nicht teil. Auch nicht an der jährlichen Wallfahrt nach Sichem, von der sich doch sonst niemand ausschloss.

Zwar haben mir ihre Mägde und einige ihrer Schwiegertöchter bereitwillig Auskunft gegeben, aber ihre Berichte waren so unterschiedlich, dass ich mir, je länger ich ihnen zuhörte, immer weniger ein Bild von ihr machen konnte. So hatte ich mit der Zeit zwar eine Menge über sie erfahren; aber was wusste ich wirklich von ihr?

Als junges Mädchen war sie Elieser, Abrahams Verwalter, gefolgt. Seine wunderbare Brautwerbung kannte ich inzwischen in allen Einzelheiten. Ich wusste auch, dass Rebekka, bevor sie in der Begleitung ihrer treuen Amme Debora und einiger Dienerinnen – fünf waren es – ihr

Elternhaus und ihre Heimat für immer verlassen hatte, von ihren Angehörigen gesegnet worden war mit den uralten Segensworten: »*Du, unsere Schwester, werde Mutter von tausendmal Zehntausend! Deine Nachkommen sollen die Tore ihrer Feinde besetzen!*«

Ich wusste, dass Rebekka und ihre Begleiterinnen in der Karawane des Fremden sicher von Mesopotamien nach Kanaan gelangten. Aber wie lange ihre Reise gedauert hat, was sie unterwegs erlebten, welche Vorstellungen Rebekka von ihrem künftigen Leben an der Seite eines Mannes haben mochte, der Isaak hieß und den sie noch nie zuvor gesehen hatte, ob sie über ihre Zukunft nachdachte oder sich gar Sorgen machte – diese Fragen blieben unbeantwortet.

Und so versetzte ich mich in ihre Situation und stellte mir vor, sie habe alles wie in einem Traum erlebt, als sie, ein beschütztes Kind, unter der Obhut ihrer Amme Debora und Eliesers, des treuen Verwalters ihres mächtigen Großonkels, vertrauensvoll in die Fremde zog. Wovor sollte sie sich fürchten? Alles war so schnell gegangen, wie sollte sie sich Sorgen machen? Von einem Tag zum andern zum Mittelpunkt der Welt zu werden – war das nicht Grund genug, jeden Anflug von Heimweh und jedes Gefühl von Angst sofort wieder zu vergessen?

Irgendwann hatten sie endlich ihr Ziel erreicht. Als sie sich am Abend eines heißen, anstrengenden Tages einer Oase näherten, erfuhr sie, dass diese Pflanzung in der Wüste Negeb Isaak, ihrem künftigen Gemahl, gehörte.

Isaak hatte die Karawane schon von weitem gesehen. Er stand auf dem Feld und blickte ihr erwartungsvoll entgegen. Als er sie erkannte, lief er auf sie zu. Rebekka sah ihn über den Acker laufen, rufend und winkend.

Erschrocken, ängstlich und neugierig zugleich fragte sie:

»Wer ist dieser Mann, der uns auf dem Feld entgegenkommt?«

Elieser erwiderte: »Das, Rebekka, ist der Sohn meines Herren Abraham. Das ist Isaak, dein Gemahl.«

Da glitt sie vom Kamel herab, nahm ihren Schleier und verhüllte sich.

Isaak führte Rebekka in das Zelt der verstorbenen Sara. *Er nahm sie zu sich, und sie wurde seine Frau,* berichtet der Chronist. *Isaak gewann Rebekka lieb und tröstete sich so über den Verlust seiner Mutter.*

Ob Rebekka Isaak auch liebgewonnen hat, oder ob sie früher oder später ihren raschen Entschluss bereute, habe ich nie in Erfahrung gebracht.

Zwanzig Jahre lang warteten sie vergeblich auf ein Kind. *Isaak betete zum Herrn für seine Frau, denn sie war kinderlos geblieben,* heißt es in der Familienchronik. Warum betetest du nicht selbst, Rebekka?

Als sie dann doch noch schwanger wurde, suchte sie ein Orakel auf. Der Spruch der Seherin lautete: *»Zwei Völker sind in deinem Leibe, und zweierlei Menschen werden sich scheiden aus deinem Leibe; und ein Volk wird dem anderen überlegen sein, und der ältere wird dem jüngeren dienen.« Sie, die Mutter, wusste also schon sehr früh um das Geheimnis ihrer Zwillingssöhne.*

Die beiden ungleichen Söhne wurden geboren. Sie wuchsen heran, und Isaak bevorzugte Esau, den Jäger, weil er gern Wildbret aß. Aber Rebekkas Lieblingssohn war Jakob.

Jakob erfüllte einen Teil des Orakelspruches dadurch, dass er seinem Bruder Esau das Erstgeburtsrecht nahm, das dieser ihm leichtsinnig für ein Linsengericht überließ. Die ganze Weissagung erfüllte sich später, als Isaak alt und blind geworden war und Rebekka ihrem Sohn Jakob den väterlichen Segen verschaffte, durch den das Erstgeburtsrecht wirksam wurde.

Jakobs Einwände entkräftete sie mit der Zusicherung: *»Der Fluch falle auf mich, mein Sohn, gehorche nur meiner*

Stimme.« Sie, nur sie allein wusste, dass der Fluch ausbleiben würde; denn von Anfang an war diesem Sohn der Segen zugedacht gewesen, und ungehorsam würde derjenige sein, der ihm den Segen nicht gab.

Rebekka war wachsam und klug. Bevor Esau sich rächen konnte, trennte sie die beiden feindlichen Brüder. Ihren Sohn Jakob schickte sie in ihre weit entfernte syrische Heimat, damit er dort eine Frau fände.

Isaak entließ ihn mit den Worten: »*Mache dich auf, gehe zum Haus Betuels, des Vaters deiner Mutter. Hole dir von dort eine Frau, eine von den Töchtern Labans, des Bruders deiner Mutter!*« So flüchtete Jakob vor seinem Bruder Esau in das Heimatland seiner Mutter, begleitet vom Segen seines Vaters.

Rebekka hatte kein leichtes Leben. Aus dem sehr schönen, selbstbewussten Mädchen, das dem Fremden am Brunnen begegnete und ihn in das Haus ihrer Mutter einlud, wurde eine starke, unbeugsame Frau. Nach dem Verlust ihrer geliebten, vertrauten Debora und nach Jakobs Flucht führte sie ein einsames Leben an der Seite eines alten, blinden Mannes. Esau entfremdete sich ihr mehr und mehr. Er nahm sich Frauen, die seiner Mutter nicht gefielen, weil sie nicht aus Haran, aus Milkas Haus, stammten. Ich stelle mir vor, dass sie gestorben ist in der Hoffnung auf ein Leben in einer besseren Welt, in der nie versiegenden Gewissheit, dort ihren geliebten Sohn Jakob wieder zu sehen.

Für mich ist Rebekka die Geheimnisvollste geblieben, die eigenwilligste unter den Urmüttern.

1 MOSE 24,1-67; 25,19-34; 27,1-46; 28,1-5

Lea

Zum ersten Mal war ich froh, als mir der Engel entgegenkam. Wenn er vor mir her ging, fühlte ich mich etwas weniger fremd in diesem fremden Land. Manchmal wollte es mir scheinen, als wären es immer dieselben Wege, die wir gingen.

Und wirklich führte er mich hin und her: vom Mittagsland über Kanaan bis nach Syrien – von der Wüste Sin bis nach Haran. Offenbar erwartete er nicht von mir, alles auf einmal zu erkennen. »Sieh genau hin«, sagte er und schickte mich, kaum war ich im Südland ein wenig heimisch geworden, wieder den weiten Weg zurück an den Euphrat nach Paddan-Aram. Dieses Mal sollte ich mich unter den Töchtern der dritten urmütterlichen Generation umsehen.

Der älteren Tochter bin ich dreimal begegnet. Das erste Mal, fast hatte ich es nicht anders erwartet, am Brunnen. Damals war sie ein Kind von acht oder zehn Jahren. Ein kleines Mädchen, das mir deswegen auffiel, weil es ständig von vielen gleichaltrigen Freundinnen umgeben war und weil die Erwachsenen ihr offenbar alle mit Ehrerbietung begegneten.

»Wie heißt sie?«, fragte ich eine ihrer Begleiterinnen. »Lea«, bekam ich zur Antwort. Damals hörte ich ihren Namen zum ersten Mal.

Ich könnte nicht sagen, warum sie mir in Erinnerung geblieben war; aber als ich jetzt wieder an dem Brunnen in Haran rastete, fiel sie mir sofort wieder ein. Was mag aus dem kleinen Mädchen geworden sein, dachte ich, das Lea hieß?

In dem Gasthaus, in dem ich mich einquartiert hatte, gab es nur ein Thema: die Hochzeit im Hause des Laban. Ich brauchte eine ganze Weile, bis ich dem grölenden Gelächter der Männer in der Schankstube entnehmen konnte, dass diese Hochzeit anscheinend nicht gar so fröhlich verlaufen war, wie man es von einer solchen Feier erwarten konnte; denn wie dieses Lachen klang nur das Gelächter der Schadenfreude. Endlich fand ich einen Gast, der sich zu mir an den Tisch setzte und mir Genaueres berichtete. Was ich von ihm erfuhr, empörte mich allerdings sehr.

Er mochte mein erschrockenes Gesicht richtig deuten, schien sogar selbst so etwas wie Mitleid zu empfinden, denn er sagte: »Ja, niemand hätte Laban solch eine Gemeinheit zugetraut.«

Aber mir wurde deutlich, dass sein Mitleid nicht der Braut galt, sondern dem Bräutigam, den er, obwohl der ein Fremder war, doch für den Betrogenen hielt.

»Lea«, sagte er, »kann doch von Glück sagen, dass sie ihm untergeschoben worden ist.«

Was wusste denn dieser Mann von den Gefühlen einer Frau!

Viel zu erregt, um jetzt schlafen zu können, verließ ich das Wirtshaus und ging durch das schlafende Dorf. In der Ferne bellte ein Hund. Der Mond stand über den Häusern und beleuchtete die engen Gassen. Es war so hell, dass ich meinen Schatten vor mir hergehen sah. Er schien meinen Weg vorherzubestimmen und meinem ziellosen Gehen eine Richtung zu geben. Doch als die Straße, die an dieser Stelle besonders eng wurde, plötzlich nach rechts abbog, verlor ich ihn aus den Augen.

Am Ende der Straße kam ich auf einen freien Platz. Als ich stehen blieb, hörte ich ein sehr leises Geräusch unter dem mondgrünen Baum, den sie den Baum des Lebens nannten, unter dem die Frauen ihre Opfergaben ausbreiteten. Dankopfer in Form kleiner Kuchen, die sie der Himmelskönigin zu backen pflegten. Und Trankopfer, die sie ihr darbrachten. Oder andere, stark duftende Gaben, deren betäubende Wohlgerüche sich hier des Nachts ausbreiteten. Unter diesem Baum erkannte ich eine verschleierte Frau. Sie stand regungslos an den mächtigen Stamm gelehnt.

Es war ein unwirkliches Bild: das schlafende Dorf, der Mond, der Baum und die dunkle Frau in seinem Schatten. Alles war still, nur das trunkene Gelächter aus dem Gasthaus war, wenn auch durch die Entfernung nicht allzu laut, deutlich bis hierher zu hören.

Sie ist es, wusste ich, noch bevor ich zu ihr ging und leise fragte: »Lea?«

»Was willst du?«, fuhr sie mich an.

Mehr als über ihre Unfreundlichkeit erschrak ich über mich selbst. Warum hatte ich sie angesprochen? Sah ich denn nicht, dass diese Frau ungestört sein wollte? Ich schämte mich meiner Aufdringlichkeit, die aus Mitleid entstanden war, und wandte mich augenblicklich ab, um sie allein zu lassen.

Aber sie sagte: »Bleib.«

Und so blieb ich bei ihr unter dem Baum. Was wir geredet haben? Nichts. Wir standen eng beieinander an den Stamm gelehnt. Als mir kalt wurde und ich zu frösteln begann, legte sie mir den Zipfel ihrer Kamelhaardecke um die Schultern. Wir wärmten uns gegenseitig.

Lea, dachte ich, was hat man dir angetan! Dein Vater Laban hat dich verschachert. Dein Ehemann Jakob verachtet dich. Deiner Schwester Rahel bist du im Wege. Wem kannst du dich anvertrauen?

Mir kam der Gedanke, ob sie die Illusion gehabt haben
könnte, geliebt und begehrt zu sein, als Jakob sich mit ihr
vermählte. Ach nein, sie wusste es gut genug, dass er nur
Rahel, immer nur Rahel gemeint hatte. Sie wusste, dass
ihre Liebe zu Jakob, dem begehrenswerten Gast, nicht er-
widert wurde. Jakob hatte von Anfang an nur Augen und
Ohren für Rahel, für ihre schöne, lebensfrohe Schwester.
Das war niemand entgangen. Wie sollte sie es nicht auch
wissen?

Und dennoch! Nun war sie, Lea, die Frau Jakobs geworden. Er hatte mit ihr die Brautwoche verbracht, um
dem Ansehen ihrer Familie und seinem eigenen Ruf nicht
zu schaden. Seine Ehe mit ihr war rechtskräftig, daran
gab es keinen Zweifel. Und sie wußte es: Er hatte mit ihr
ein Kind gezeugt.

Heute war die siebte Hochzeitsnacht. Aber morgen
würde er Rahel in den Armen halten und endlich glücklich sein.

Und dann? Was kam danach? Immerhin war sie, Lea,
seine rechtmäßige und seine erste Frau. Diese Tatsache
konnte niemand mehr ungeschehen machen. Das höhni-
sche Lachen würde verstummen. Man würde sich daran
gewöhnen, dass Labans beide Töchter demselben Mann
vermählt waren.

Wir standen immer noch nahe beieinander unter dem
dichten Laubdach. Ich sah Lea verstohlen an. Ihre Augen
blickten hellwach. Jetzt wirkte sie wie eine, die ein Ziel
vor Augen hat. Eine Kraft schien sich in ihr auszubreiten,
die sie neu belebte. Die Nacht hatte sich verändert. Eine
erste Ahnung der nahen Morgendämmerung begann das
Mondlicht zu vertreiben. Noch ging die Sonne nicht auf;
aber alles deutete darauf hin, dass der neue Tag bereits begonnen hatte.

Bevor sie ging, wandte sie sich um und legte ihre Stirn
einen Augenblick lang gegen den Baum. Erst danach

hüllte sie sich in ihr weites Tuch, nickte mir zu und verschwand gleich darauf im Schatten der Häuser.

Als ich mich aufmachte, um meine Übernachtungsstätte aufzusuchen, berührte auch ich abschiednehmend die Rinde des uralten Baumes. Zu glauben, sein Geist bewirke Wunder aus der Kraft, die ihm aus der Tiefe der Erde und aus der Höhe des Himmels zuströme und also unendlich sei, das zu glauben wollte mir nicht gelingen. Aber wohl glaubte ich in diesem Augenblick, dass dieser Baum, dieses Geschöpf Gottes, ein Sinnbild und Zeichen für ein Menschenkind sein kann; denn war nicht auch Lea, war nicht auch ich wie ein Baum, verwurzelt, lebendig auf dieser Erde? Und trugen wir nicht alle Früchte für die Ewigkeit?

Seltsam war mir zumute, als ich die dunklen Straßen zu meinem Quartier zurückging. Wo waren mein Mitleid, meine Empörung geblieben, die mich auf dem Weg hierher begleitet hatten? Ich war Lea begegnet und hatte ihre Stärke erkannt. Ich hatte unter einem Baum gestanden und seine Kraft gespürt. Die Nacht hatte den Tag empfangen, einen neuen Festtag für das Dorf, denn es würde wieder Hochzeit gefeiert werden im Hause Laban. Und Lea würde es ertragen, das wusste ich nun. Weder Mitleid noch Hohn würden sie erreichen. Lea war die unbesiegbarste von allen, davon war ich überzeugt.

Als ich sie nach vielen Jahren ein drittes Mal sah, war sie immer noch die Ruhige, die Sichere, die Lea von damals geblieben. Ich begegnete ihr, als sie ihre Schwester Rahel an der Straße, die nach Bet El führt, begruben. Es war nicht die Zeit, mit einer Fremden zu plaudern, darum hielt ich mich nicht lange am Rastplatz der Karawane auf, sondern ging ihnen voraus nach Efrat.

Man erzählte sich hier viele seltsame Geschichten von Jakob und seinen Frauen. Sollte ich den Geschichtenerzählern glauben, dann war Jakob, der einmal ausgezogen war, um im Land seiner Mutter eine Braut zu finden, gar nicht von Anfang an der große Patriarch Israel gewesen, als der er später verehrt wurde. Sollte ich ihnen glauben, dann hätte Jakob, der Sohn Rebekkas, der Enkelsohn Saras, um ein geringes den Willen Gottes verfehlt; denn von Anfang an hatte Gott Lea auserwählt, die Stamm-Mutter des Hauses Juda zu werden, und nicht Rahel.

Ich staunte aufs neue über diesen Gott, der sich für sein auserwähltes Volk von Anfang an und von einer Generation zur anderen die richtige Stammesmutter erwählte, ob nun die Väter damit einverstanden waren oder nicht.

Lea bin ich danach nicht mehr begegnet. Nach dem Tod ihrer Schwester führte sie unangefochten das Leben der großen Mutter im Hause Israel.

Ihr unter einem nachtdunklen Baum zu begegnen, diese Vorstellung war zu einer der Geschichten geworden, die man sich abends am Lagerfeuer und in den Spinnstuben zu erzählen pflegt – die niemand glaubt und die doch auch niemand bezweifelt.

1. Mose 28,16-22; 29, 1-35; 30,1-34; 31,1-9.14-54; 32,1; 33, 1-11; 35, 1-21; 49,29-33

Rahel

o Lea war, war Rahel. Die beiden Schwestern waren unzertrennlich. Und doch war nicht eine wie die andere. Rahel war schön.
»So schön wie Rahel war niemand in Haran«, hörte ich. Manche behaupteten sogar: »In ganz Mesopotamien gab es keine schönere Frau als Rahel.« Die Glut ihrer tiefschwarzen Augen, ihr seidenweiches Haar, ihre samtene Haut, ihre vollendete Figur und die Harmonie ihrer Bewegungen bezauberten offensichtlich jedermann.

Aber nach allem, was man mir über sie erzählt hatte, hielt ich sie für eingebildet, um es einmal rundheraus zu sagen. Ich hütete mich natürlich, so etwas laut werden zu lassen. Wäre es Jakob zu Ohren gekommen, wäre meines Bleibens nicht länger gewesen. Er war maßlos in seiner Trauer um Rahel.

Dabei war mir, die ich nun einmal misstrauisch war, weil ich im Zusammenhang mit der Legende um Rahel ständig auf Übertreibungen stieß, natürlich nicht deutlich, ob diese Maßlosigkeit nicht auch noch andere Gründe haben könnte. Dieser Gedanke tauchte auf, als ich sah, wie Jakob Steine auf ihr Grab häufte. Er sagte, er täte es der wilden Tiere wegen. Und das wird die Wahrheit gewesen sein.

Dennoch. Seitdem ich den steineschleppenden Jakob gesehen hatte, verfolgte mich der Gedanke, ob seine Liebe zu Rahel nicht bereits zu ihren Lebzeiten gestorben war. Konnte sich nicht auch Reue, vermischt mit schlechtem Gewissen, in maßloser Trauer ausdrücken? Ich begann alles, was ich von Rahel und ihrer Beziehung zu Jakob wusste, daraufhin zu überprüfen.

Besonders beschäftigte mich natürlich das jüngste Ereignis. Ich fand es eigenartig, dass Jakob den letzten Willen seiner Lieblingsfrau nicht erfüllt hatte. Obwohl die sterbende Rahel ihrem gerade geborenen Kind den Namen Ben-Oni, *Sohn meines Unglücks* gab, nannte Jakob ihn Ben-Jamin, *Sohn des Glücks*. Wie konnte man das verstehen? Konnte denn das Unglück der einen das Glück des anderen sein?

Die Leute sagten zwar, Jakob habe klug gehandelt, dass er das Kind nicht mit einem Unglücksnamen belaste. Aber das überzeugte mich nicht. Wenn er schon den letzten Wunsch der Mutter ablehnen musste, hätte er doch sicher einen weniger auffälligen Namen finden können. Er hätte ihn vielleicht Ben-Schalom nennen können, *Sohn des Friedens*. Jedenfalls wäre meines Erachtens jeder andere Name besser gewesen, als dieses letzte Kind, dessen Leben Rahel mit ihrem eigenen Leben bezahlte, Ben-Jamin, *Sohn des Glücks*, zu nennen.

Aber ich wollte und durfte nicht voreilig und unbedacht urteilen. Wollte ich Rahel und Jakob, diesem berühmten Paar, gerecht werden, so musste ich ihre ganze Geschichte bedenken. Und die fing anders an als mit einem Steinmal an der Straße zwischen Bet El und Efrat.

Oder doch nicht?

Damals, als Jakob vor seinem Bruder Esau davonlief und sich auf den Rat seiner Mutter in Syrien nach einer Frau umsehen wollte, damals war er ausgerechnet an dieser Stelle zwischen Bet El und Efrat Gott begegnet. Hier in Bet El, das damals noch Lus hieß, errichtete er ein Steinmal zur Erinnerung an dieses Erlebnis. Zwar war der

Weg nach Osten noch weit gewesen, aber Jakob war ihn
nach seiner Gottesbegegnung gegangen wie einer, der sich
seines Erfolges sicher sein kann.

So trat er auch Rahel gegenüber, als sie, die kleine Hir-
tin, die sie damals war, ihre Schafherde zur Tränke trieb.
Jakob, der Held, nannte ich ihn insgeheim spöttisch, sooft
mir die Brunnenszene einfiel, als er, der Zugereiste, sich
vor dem einfachen Hirtenvolk und vor den Kameltrei-
bern wichtig tat.

Selbstverständlich wurde Jakob in allen Ehren als Ver-
wandter des Hauses im Kreis der Familie aufgenommen.
Und von Anfang an war er unsterblich in Rahel verliebt.
Sie und keine andere sollte seine Frau werden. Aber unter zwölf Jahren wurde kein Mädchen verheiratet,
darum handelte er einen Vertrag aus, nach dem er sieben
Jahre um Rahel im Hause ihres Vaters Laban Dienst tun
sollte.

Als die sieben Jahre vorüber waren, ließ Laban alle
Männer des Ortes zusammenkommen und veranstaltete
ein großes Fest. Nie zuvor war der Wein so reichlich geflossen wie an diesem Tag. Und nie zuvor hatte es einen
stolzeren Bräutigam in Haran gegeben als Jakob.

Und nie zuvor einen zornigeren, als sich herausstellte,
dass er die Hochzeitsnacht nicht mit Rahel, sondern mit
Lea verbracht hatte.

Laban zog sich aus der Affäre, indem er seinem Schwiegersohn erklärte, es sei nicht üblich, die jüngere vor der
älteren Tochter zu verheiraten, und ihm anbot, nach sieben Tagen Rahel zu heiraten um weitere sieben Jahre
Dienst. Und Jakob erklärte sich, was blieb ihm anderes
übrig, damit einverstanden.

Eine Woche nach seiner Hochzeit mit Lea wurde Jakob
mit ihrer Schwester verheiratet. Nun hatte er endlich die
Frau bekommen, die er sich von Anfang an gewünscht
hatte: Rahel, die er liebte.

Und Rahel? Wie fand sie sich mit den Seltsamkeiten ihres Ehevertrages ab? Sie, die immer und überall die Herzen der Menschen gewann durch ihre außerordentliche Schönheit, sie, die es gewohnt war, die erste zu sein, wie verkraftete sie es, die zweite zu werden?

Natürlich war sie gekränkt und wütend. Auf ihren Vater vor allem. Seitdem er ihr diese Schmach angetan hatte, ging sie ihm aus dem Weg. Und was nützten ihr Jakobs Beteuerungen, dass er sie viel mehr liebe als Lea, was nützten ihr seine Zärtlichkeiten, wenn ihre Schwester einen Sohn nach dem anderen bekam und sie selbst nicht schwanger wurde?

Dass Jakob ihr ihre Kinderlosigkeit als eigene Unfähigkeit vorhielt, als sie sich bitter deswegen beklagte, machte sie rasend vor Zorn.

»Da ist meine Magd Bilha. Geh zu ihr. Sie soll auf meinem Schoß gebären, dann komme ich durch sie zu Kindern, wenn du mir keine schenken kannst«, sagte sie.

Als Bilha guter Hoffnung wurde und einen Sohn gebar, war Rahel erleichtert. »Gott hat mir Recht verschafft und auch auf meine Stimme gehört und mir einen Sohn geschenkt«, stellte sie fest.

Bilha, die Magd, wurde erneut schwanger und brachte für Rahel einen zweiten Sohn zur Welt. Da jubelte sie: »Gotteskämpfe habe ich mit meiner Schwester gekämpft. Und ich habe gesiegt!«

Aber auch Leas Magd bekam Söhne von Jakob. Und, was viel schlimmer war, Leas Einfluss wuchs von Tag zu Tag. Ging das überhaupt mit rechten Dingen zu?

Einmal sah Rahel, dass Ruben seiner Mutter Liebesäpfel gab, die er auf dem Feld gefunden hatte. Sie bat Lea, ihr ein paar davon abzugeben.

Aber Lea meinte, ob es ihr nicht reiche, dass sie ihr ihren Mann weggenommen hätte. »Willst du mir nun auch noch die Liebe meines Sohnes nehmen?«, fragte sie.

Rahel machte ihr einen Vorschlag. »Jakob darf heute Nacht bei dir schlafen, wenn du mir die Liebesäpfel überlässt«, versprach sie.

Damit war Lea einverstanden.

Als Jakob am Abend vom Feld kam, erklärte sie ihm: »Du musst zu mir kommen, denn ich habe dich gekauft für diese Nacht.«

So kam Lea zu ihrem fünften Sohn. Als sie nach Jahresfrist auch noch einen sechsten Sohn zur Welt gebracht hatte, hoffte sie, Jakob für immer gewonnen zu haben; denn sechs Söhne wogen die Schönheit einer Frau auf.

Rahel sah ein, dass sie verloren hatte. Nichts hatte geholfen. Nicht einmal die Zauberäpfel. Doch ausgerechnet jetzt, als sie den Kampf aufgab, wurde sie schwanger.

Nach Josefs Geburt bat Jakob seinen Schwiegervater, ihn mit seinen Frauen und Kindern zu entlassen, um in seine Heimat zurückkehren zu können. Laban willigte ein, und sie verhandelten um das Erbe und den Lohn. Dass Jakob Laban betrog, war gewiss die Rache für den größeren Betrug in der Hochzeitsnacht.

Bevor sie ihr Elternhaus für immer verließ, verstaute Rahel heimlich die Hausgötter in ihrem Reisegepäck. Vermutlich traute sie ihren eigenen Göttern mehr als dem Gott von Bet El, von dem ihr Jakob große Dinge berichtet hatte. Unbemerkt traten sie die große Reise an.

Aber Laban bemerkte den Diebstahl der kleinen Idole. Auf keinen Fall wollte er auf sie verzichten. Er hatte es wohl oder übel hinnehmen müssen, dass Jakob seine Töchter, Mägde, Enkelkinder und sein Vieh mitnahm. Dass er aber auch noch die Hausgötter entwendete, war ein Verbrechen. Laban folgte der Karawane, holte sie ein und suchte selbst in allen Zelten und Gepäckstücken nach den Figuren.

Rahel hatte sie gut versteckt in ihrer Satteltasche. Als ihr Vater auch ihr Zelt durchsuchte, setzte sie sich rasch auf die Tasche und erklärte, es gehe ihr nach der Frauen Weise, darum könne sie leider nicht aufstehen. So blieben die Hausgötter unbemerkt in Rahels Gepäck und traten mit ihr zusammen die Reise nach Kanaan an.

Aber weder die Götter noch Rahel sollten ihr Ziel erreichen.

Auf dem Weg zwischen Bet El und Efrat im Lande Sichem ließ Jakob alle fremden Götter und Kultgegenstände, allen heidnischen Zauberschmuck, die Halbmonde und Ringe in den Ohren der Frauen und was sie sonst an Erinnerungen an das ferne Syrien mit sich führten, unter der Eiche begraben, unter der auch Debora, die syrische Amme Rebekkas, begraben war.

Das war der Ort, an dem Gott Jakob auf der Hinreise erschienen war. Das Steinmal erinnerte ihn an sein Gelübde. Und dort starb Rahel, auf dem Weg zwischen Bet El und Efrat, bei der Geburt ihres zweiten Sohnes, dem letzten der zwölf Söhne Jakobs.

Dort wurde sie begraben, die geliebte Heidin, bei den Göttern ihrer Heimat. Jakob errichtete ein Steinmal über ihrem Grab. Das ist das Grabmal Rahels bis auf den heutigen Tag. Und Jakob nannte sich Israel, seitdem Rahel für immer begraben war unter den Steinen.

1. Mose 28,16-22; 29, 1-35; 30,1-34; 31,1-9.14-54; 32,1; 33,1-11; 35,1-21; 49,29-33

Dina

Inzwischen hatte ich mich schon daran gewöhnt, dass der Engel mir sagen würde, welche Richtung ich einschlagen sollte, darum wunderte ich mich nicht, dass er unterhalb eines Berges stehen blieb und sagte: »Geh ihren Spuren nach.«

»Wen meinst du?«

»Die einzige Tochter, die in den drei Generationen der Urväterzeit geboren ist.« Er meinte Dina, die Tochter Leas, und er verwies mich nach Sichem, jenseits des Berges Ebal.

Wäre es nach mir gegangen, ich hätte den leichteren Weg genommen, der zwischen den Bergen Ebal und Garizim nach Sichem führt. Aber er wollte, dass ich den Weg über das Gebirge nehme. Er begleitete mich bis zum Gipfel.

Erst als ich allein war, hörte ich das schrille Pfeifen des Windes. Und ich merkte, dass Lilit und ihre Schwestern hier oben ihren Schabernack mit mir trieben. Je weiter ich ging, desto unheimlicher klang mir ihr schrilles Pfeifen in den Ohren. Sie zerrten an meinen Haaren, streuten mir Sand in die Augen und rissen mir fast die Kleider vom Leib. Als sie es gar zu toll trieben, suchte ich Schutz hinter einem Felsvorsprung. Zwar tobten sie noch wild um den Felsen herum, aber irgendwann würden sie ihr ausgelassenes Treiben doch beenden und mich weiterziehen lassen.

Von hier aus hatte ich einen weiten Blick in das Tal
und auf den Berg Garizim. Ich dachte daran, dass die Israeliten den Berg Garizim segneten und den Berg Ebal
verfluchten, als sie das Land besetzten. Verfluchten sie ihn
wegen der fremden Götter, die hier wohnten und nicht
weichen wollten, als der neue Glaube ihre alten Heiligtümer in Besitz nahm? Oder gab es noch andere Gründe?

Sichem war bekannt für seine Kulthöhen, für seine heiligen Haine, seine Orakelbäume und Götterbilder. Die
Götter und Göttinnen des Landes waren aber dem Gott
des Volkes Israel ein Dorn im Auge, darum befahl der
Gott der Väter: »*In dem Land, das der Herr, der Gott deiner Väter, dir gegeben hat, damit du es in Besitz nimmst,
sollt ihr alle Kultstätten zerstören, an denen die Völker, deren Besitz ihr übernehmt, ihren Göttern gedient haben: auf
den hohen Bergen, auf den Hügeln und unter jedem üppigen
Baum. Ihr sollt ihre Altäre niederreißen und ihre Steinmale
zerschlagen. Ihre Ascheren sollt ihr umhauen und die Bilder
ihrer Götter im Feuer verbrennen, und ihren Namen sollt
ihr austilgen von jeder Stätte*« (5. MOSE 12,1-3).

Mich fror. Was Lilit und ihren wilden Schwestern nicht
gelungen war, den uralten Worten gelang es: Ich begann
mich zu fürchten.

Plötzlich sah ich überall ihre Spuren: In jedem Grenz-
pfahl, der in die Erde gerammt worden war, um einen Besitz abzugrenzen, in jedem Stacheldraht erkannte ich die
Spuren der Väter, die das Land erobert hatten. Männer,
dachte ich, müssen sie überall ihre Markierungen hinterlassen?

Das Befestigen von Grenzen, das Einrammen von Zaun-
pfählen in die unberührte, jungfräuliche Erde, das Besitz-
ergreifen der Mutter Erde – erst jetzt wurde mir die Bruta-
lität bewusst, mit der sie sich der Natur zu bemächtigen
pflegen. Sie haben sich regelrecht über die Erde hergemacht, sie unter sich aufgeteilt und sich gefügig gemacht.

Ich lehnte mich an die Felswand und sah mich um. Soweit das Auge reichte, umgab mich hier nichts als Wildnis – Erde, Steine, Bäume, Sträucher, grünes Weideland. In der Ferne sah ich die Windungen eines Flusses und über allem die unendliche Weite des Himmels.

Als ich so schaute, überfiel mich eine große Müdigkeit. Ich schloss die Augen und träumte oben auf dem verfluchten Berg Ebal einen bösen Traum.

Ich sah im Traum die Landschaft verändert. Träumend sah ich mich um und sah den Felsen gesprengt, den Berg aufgerissen, seine tief verborgenen Schätze geraubt. Beton und Asphalt bedeckten seine Hänge. Autobahnen führten durch die fruchtbare Ebene. Ich sah die Quellen mit schweren Steinen verschlossen, den Fluss schnurgerade und müde in seinem befestigten Bett träge dahinfließen. Ich sah die Bäume gefällt, gestorben, verdorben und die Büsche verbrannt. Ich sah das Weideland in Industriestädte und das Gras in Zierrasen verwandelt und die Blumen verwelkt. Ich sah den Himmel verdunkelt vom Rauch der Fabrikschlote und zerrissen vom Lärm der bombenschweren Flugzeuge und hörte rings um mich her das ängstliche Schreien der gequälten Kreatur. Mich ergriff ein ungeheures Entsetzen angesichts dieser zerstörten Erde. Wohin ich auch sah in meinem schrecklichen Traum, überall sah ich die männliche Kraft und Stärke über sich hinauswachsen und erkannte in allem den ungeheuren Willen des Mannes, die Welt zu erobern, zu besitzen, zu beherrschen, zu verändern. Was war gegen dieses alles das tolle Treiben einer Lilit und ihrer Schwestern, die versuchten, Wanderer zu erschrecken! Was war dieses kindliche Erschrecken gegen das Entsetzen einer Vergewaltigung, gegen das Entsetzen eines gewaltigen Mordens!

Mich riss ein Schrei aus meinem bösen Traum. Verwirrt sah ich mich um. Aber niemand war in der Nähe.

Niemals zuvor hatte ich mich auf meiner langen Wanderung so einsam gefühlt wie jetzt und hier auf dem Berg
Ebal zwischen Samaria und Sichem. Niemals zuvor fürchtete ich mich mehr vor der Allmacht meiner Väter und
Brüder. Niemals zuvor hatte ich mich so sehr nach der
Nähe meiner Mutter gesehnt, die längst gestorben ist,
und nach einer Schwester – und wäre es Lilit – als hier
und jetzt auf diesem verfluchten Berg.

»Wo seid ihr, Frauen?«, fragte ich laut wie eine, die in
der Einsamkeit beginnt, mit sich selbst zu reden, und sah
mich suchend um. »Wo haltet ihr euch verborgen auf dieser Erde, dass ich euch in meinem Traum nicht begegnet
bin?«

Auch jetzt, nachdem ich hellwach war, sah ich immer
noch weit und breit nicht den geringsten Hinweis auf
ihre Anwesenheit. Verwirrt dachte ich darüber nach, wohin sie sich zurückgezogen haben mochten, die Töchter
der Erde, all die vielen Frauen, die es doch gab in jedem
Land.

Aber dann entdeckte ich in der Ferne ihr Zeichen. Eine
dünne Rauchfahne schwebte über den Himmel, der sich
abendlich zu färben begann. Dort, wo das Herdfeuer ist,
dachte ich, dort finde ich sie. Und weil sich der Wind gelegt hatte, stand ich auf, schulterte mein Bündel und
setzte meinen Weg fort.

Wie froh war ich nun, als mir eingefallen war, wo sie
waren. In der Nähe der Häuser, dort, wo Kinder spielen,
wo gekocht, gebacken, gesponnen, gewebt wird und wo
es wohnlich ist, dort würde ich sie finden.

Ich will mich aufmachen und zu den Frauen gehen,
dachte ich, ich will zu denen gehen, die stark sind und
weich, geduldig und fromm. Bei ihnen will ich wohnen
in ihren geschmückten Zelten und Hütten und festen
Häusern. In ihren Gemüse- und Blumengärten will ich
mich aufhalten, mit ihren Kindern will ich spielen, ich

will mit ihnen zum Brunnen gehen, an ihrem Anblick will ich mich erfreuen. Ich will sie bitten, mir ihre Geschichten zu erzählen, und ich werde ihnen zuhören. Ich will sie nach der einzigen Tochter fragen, die die Urväter gezeugt haben, nach Dina will ich sie fragen und hören, was sie mir von ihr berichten werden.

Meine Gedanken eilten mir voraus, so dass mir der Weg bergab kurz vorkam.

Am Brunnenplatz von Sichem gesellte ich mich zu den Frauen. Nachdem ich mich erfrischt hatte, erkundigte ich mich sogleich nach Dina.

»Du meinst doch nicht die Israelitin?«, fragten sie mich, und ich sah plötzlich in lauter unfreundliche Gesichter.

»Ja, ja«, sagte ich rasch und ein wenig erschrocken, »ja, die meine ich.«

Da ergriffen sie wortlos ihre Wasserkrüge, hoben sie auf und gingen davon. Sie ließen mich einfach stehen. Verblüfft sah ich ihnen nach. Eine der Frauen wandte sich kurz zu mir um und rief: »Niemand hat größeres Elend über uns gebracht als die Israelitin Dina!« Dann folgte sie rasch den anderen.

Da stand ich allein am Brunnen und sah ihnen entgeistert nach, bis ich ihnen nach einer Weile nachrief: »Halt! Wartet doch!«, und ihnen folgte. Sie sollten mir wenigstens sagen, was sie denn Böses getan hatte, dass sie so zornig auf sie waren. Ich holte eine alte Frau ein und fragte sie nach dem Grund ihres Zorns.

»Sie hat Sichem zerstört«, sagte sie bitter.

»Aber doch nicht sie!« Fast schrie ich es ihr zu, so sehr empörte mich ihre Lüge. »Die Männer haben es doch getan! Sichem, der Sohn Hamors, der sie vergewaltigte, und Simeon und Levi, die Söhne Jakobs, die sie rächten. Dina war doch unschuldig!«

»Was redest du, Fremde«, sagte die Alte streng und schickte sich an, weiterzugehen. Aber ich wollte sie so nicht gehen lassen. Ich hielt sie am Rock fest, um sie zum Bleiben zu zwingen. Da schlug sie mir auf die Finger und zischte: »Fass mich nicht an, Fremde!«, und folgte den anderen.

Ich blieb stehen und sah ihnen nach, wie sie mit ihren schweren Wasserkrügen auf den Ort zugingen und in den Straßen und Häusern, die Festungen glichen, verschwanden.

Ich setzte mein Bündel ab. Schwestern, dachte ich traurig, Mütter, habt doch wenigstens ihr Erbarmen mit der Geschändeten. Sie hat doch die Männer nicht umgebracht, das haben sie doch alles selbst getan!

Dina, dachte ich mitleidig, hattest du denn niemanden, der für dich eintrat? Nur deine brutalen Brüder?

Zum Glück dauerte es nicht lange, bis mir mein Engel die Hand reichte und mich weiterführte. Ohne mich noch einmal umzusehen, verließ ich Sichem. Als könnte ich dadurch das Unrecht ungeschehen machen, ging ich fort wie eine, die flieht.

1. Mose 34,1-31

Milka

Ich erzählte dem Engel von Dina. Er hörte mir zu und sagte: »Eine ist im Frauenhaus geblieben.« Als ich ihn bat, mich zu ihr zu führen, ging er mir wortlos voraus.

Der Weg erschien mir endlos. Ich zweifelte daran, jemals anzukommen. Als wir dann eines Abends vor den Stadttoren standen, waren sie verschlossen.

Die Nacht versprach kalt zu werden. Der Engel war nicht mehr zu sehen, nachdem er mich sicher bis hierher geleitet hatte. Ich war froh, mich in einem der Wächterhäuschen am offenen Feuer wärmen zu können. Wenn es auch eine unbequeme Herberge war, so schützte mich dieser Unterschlupf doch wenigstens vor der nächtlichen Kälte. Ich wickelte mich fest in meine Decke und sah mich um. Die Flammen warfen gespenstische Schatten an die Wand. Riesengroß und zwergenklein huschten sie über die rauen Lehmwände.

Hier in Paddan-Aram, das auch Haran hieß oder auch die Stadt Nahors genannt wurde, würde ich also der großen Mutter des aramäischen Frauenhauses begegnen; denn hier lebte sie, die Tochter Harans, die Frau Nahors, Milka, die Königin, die Priesterin, die Herrscherin der Stadt, aus deren großem Haus generationenlang die Frauen Israels geholt wurden. Sie gingen alle wie selbstverständlich davon. Nur Milka, die mit ihnen allen verwandt und von Anfang an da gewesen war, blieb.

Wie viele fortgegangen waren, merkte ich erst jetzt, als ich über ihre verwandtschaftlichen Beziehungen zu Milka nachzudenken begann: Milka war die Schwester Jiskas und Saras Schwägerin; ebenso war sie die Schwägerin von Lots Frau und die Tante seiner beiden Töchter. Sie setzte Debora als Amme ein, sie wurde Rebekkas Mutter genannt und schickte fünf Mägde ins fremde Kanaan. Sie war die Großtante Leas und Rahels; deren Mägde Silpa und Bilha, die Nebenfrauen Jakobs, standen in ihren Diensten; sie war die Urgroßtante der armen Dina. Nur mit den fremden Frauen der Väter und Söhne, mit Hagar und Ketura und den anderen Nebenfrauen Abrahams; auch mit Judit, Mahalat, Oholibama, Ada und Basemat, den Frauen Esaus und mit seinen Töchtern, Timna zum Beispiel; oder mit Mehetabel, der Tochter der Königin Matred, verband sie nichts. Mir schwindelte der Kopf, als ich all der Frauen gedachte, die die Mütter und Tanten Israels, des Gottesvolkes gewesen waren.

Der flackernde Feuerschein, der Glanz des Mondes und der Sterne, die über der uralten aramäischen Stadt die Dunkelheit erhellten, die Gerüche, die mich umgaben, die Geräusche – das leise Klirren meines Silberschmucks, das Knistern des trockenen Reisigs, das hell aufloderte, bevor es verbrannte, das Gefühl, ein Abenteuer zu bestehen – das alles wirkte auf mich überwältigend. Ich fühlte mich wie in einem Traum, in dem man mit wachen Sinnen gefangenliegt. Mir war, als hätte ich alles schon lange gewusst, als hätte ich sie alle längst gekannt und nur für eine Weile ihre Namen vergessen. Mir war, als hätten mir die chaldäischen Traum- und Zeichendeuter diesen Traum längst gedeutet, den ich heute träumte.

Und da, in diesem Augenblick, entdeckte ich plötzlich ihr Gesicht in den Schattenbildern, die die Flammen an die Wand zauberten. Ihre großen, ausdrucksvollen Augen waren die Augen einer Seherin, einer Frau, die in die Weite und in die Ferne zugleich sieht. Ihre kräftige, gerade Nase, ihr voller, sinnlicher Mund, die vollendete Schönheit ihres Gesichtes mit dem Ausdruck von Kraft und Stärke, ihr Stolz bezauberten mich und ließen sie mir als eine ganz und gar selbstbewusste Frau erscheinen.

Ich konnte mich nicht satt sehen an dieser schön geschmückten Frau, an ihrem ausdrucksvollen Gesicht, an ihrem kostbaren Geschmeide. Ihr goldener Kopfschmuck, ihre schweren Perlenketten, ihre prächtigen Ohrringe verrieten mir, dass sie reich sein musste. Mächtig und reich.

Ich erinnerte mich daran, dass einmal jemand gesagt hatte, die große Muttergöttin wäre einst nicht nur im Himmel die Verkörperung der Schönheit, der Fruchtbarkeit und der Stärke gewesen, sondern sie habe auch ihren Sitz in jeder einzelnen Frau auf Erden gehabt.

Meine Gedanken gingen seltsame Wege; denn zugleich fielen mir die Worte des Propheten ein:

Steig herab, Tochter Babel, setz dich in den Staub!
Setz dich auf die Erde;
es gibt keinen Thron mehr für dich, Tochter Chaldäas.
Jetzt nennt man dich nicht mehr die Feine, die Zarte.
Nimm die Mühle und mahle das Mehl!
Weg mit dem Schleier!
Denn nun nennt dich niemand mehr Herrin
über Königreiche!

Da verlöschte ihr Bild vor meinen Augen. Und ich hörte den Propheten sagen:

Du dachtest: Ich bleibe für immer und ewig die Herrin.
Du hast dir das alles nicht zu Herzen genommen,
hast nie an das Ende gedacht.

Nun aber höre, du üppiges Weib,
die du in Sicherheit lebst und in deinem Herzen denkst:
Ich bin's und sonst keine!
dein Untergang wird kommen,
an den du niemals gedacht hast.   (JESAJA 47,1ff.)

Plötzlich erschien mir wieder das Gesicht der Milka. Aber wäre nicht die Schönheit ihrer kraftvollen Züge geblieben, ich hätte sie nicht wieder erkannt, so verändert war sie nun. Da war kein Glitzern von Gold mehr in ihrem Haar und kein Perlengeschmeide, kein Goldgehänge an ihren Ohren. Ihr Haar war in der Mitte gescheitelt; es sah aus, als wäre ihr Kopf gespalten. Ihre Augen waren leere, schwarze Höhlen, die Augenbrauen wie eingekerbt, die gerade, kräftige Nase zerbrochen, zerschlagen, die vollen Lippen geschlossen, stumm. Alles war ihr genommen worden. Nur nicht ihre erhabene Würde. Und noch immer war sie schön. So schön wie zuvor.

Im verlöschenden Schein des Feuers erkannte ich das Besondere dieser Frau, der einzigen, die nicht ausgezogen war, als ihr Haus zerbrach: Sie war die Unwandelbare, die Unvergängliche. Sie war niemals jung gewesen, ein junges Mädchen, dem man sagt, was es zu tun und zu lassen habe. Sie war niemals alt geworden, eine alte Frau, der man sagt, was sie zu tun und zu lassen habe. Sie war einfach immer da, solange es Frauen in Haran gab, die von den Männern begehrt und fortgeholt wurden und von ihnen Kinder bekamen nach Art der Menschenfrauen – wenn auch in der Regel nur mühsam und nach langer Wartezeit.

Milka unterschied sich von allen Frauen, die aus Ur und Haran aufgebrochen waren. Auch von Sara, die den Isaak gebar. Milka unterschied sich von ihnen durch die Tatsache, dass sie als einzige die Große Mutter blieb, ohne eine Menschenfrau zu werden.

Als endlich der Morgen dämmerte, stand ich auf, verließ das Wärterhäuschen und ging durch die Straßen ihrer Stadt, die wie Schluchten waren. Nur selten begegneten mir Menschen. Einmal sah ich eine alte Frau im Toreingang ihres Hauses stehen. Als sie mich erblickte, zog sie ihr schwarzes Tuch über den Kopf und huschte ins Haus.

Mir fiel ein, dass der Prophet gesagt hatte: ... *sie machen sich alle davon, keiner will dir mehr helfen.*

»Wie recht er hatte«, sagte ich zu meinem Engel, der vor den Stadttoren auf mich wartete, um mich weiter, immer noch weiter zu führen.

1. Mose 11,27-32; 22,20-24; 24,15

Die Frauen um Mose

Der Engel drehte sich um und ging weiter. Ich wollte bleiben. Als er sich immer weiter von mir entfernte, sah ich mich nach allen Seiten um und erschrak, ohne ihn fühlte ich mich in dieser Einsamkeit plötzlich wie von allen guten Geistern verlassen.

»Warte!«, rief ich ihm nach und spürte, wie mir der Klang meiner Stimme meine Verlorenheit erst recht bewusst machte und mein Herz schneller schlagen ließ. Mein Verstand sagte mir, dass es mir in der flimmernden Hitze nicht gut bekommen würde, ihm wie kopflos nachzulaufen. Trotzdem versuchte ich es.

Aber der Engel war schon stehen geblieben und sah sich nach mir um. Erleichtert atmete ich auf. Er stand ruhig und gelassen da. So, als erfülle ihn nichts anderes, als dazustehen, sich nach mir umzusehen und auf mich zu warten.

Als ich ihn endlich eingeholt hatte, fragte er mich unvermutet: »Kennst du die Frauen um Mose?«

»Ja«, sagte ich atemlos.

Aber ich merkte, dass ihm meine unbedachte Antwort nicht gefiel. Er setzte seinen Weg fort, und ich folgte ihm. Wir schwiegen beide.

Als die Sonne unterging und wir uns einer Gruppe alter Olivenbäume näherten, riet er mir, mich hier für die Nacht einzurichten. Seiner Gegenwart gewiss, breitete ich meine Matte aus und legte mich erschöpft auf die noch warme Erde. Augenblicklich versank ich in tiefen Schlaf.

Ich erwachte von geflüsterten Worten, die an mein Ohr drangen. Als ich die Augen aufschlug und mich umsah, stellte ich fest, dass sich sechs Frauen zu mir auf die Erde gesetzt hatten. Sie mochten mich schon länger beobachtet haben, mein Erstaunen schien sie zu belustigen. Sie tuschelten miteinander und taten geheimnisvoll.

Ich setzte mich auf, strich mir ein wenig die Haare zurecht und wartete darauf, dass sie mich ansprechen würden; denn sicher war es nicht alltäglich, dass sie hier einer Fremden begegneten. Aber sie schienen nicht neugierig zu sein. Schließlich fasste ich mir ein Herz und fragte: »Kennt ihr Mose?«

Sie hörten auf, miteinander zu flüstern, und nickten mir zu. Als ich nach ihren Namen fragte, lächelten sie, als hätten sie darauf gewartet. Sie warfen sich viel sagende Blicke zu. Würden sie reden?

Pua und Schifra

Nachdem sie mich eine Weile prüfend angesehen hatten, räusperte sich eine der beiden ältesten Frauen und sagte: »»Pua und Schifra‹, befahl der Pharao, ›wenn ihr den Hebräerinnen Geburtshilfe leistet, dann achtet auf das Geschlecht der Neugeborenen. Ist es ein Knabe, so lasst ihn sterben. Ist es ein Mädchen, dann kann es am Leben bleiben.‹« Die andere bestätigte das mit einem bedächtigen Nicken.

Nach Art alter Menschen schienen sie ständig zu wiederholen, wovon sie irgendwann einmal tief beeindruckt wurden. Dazu zählte sicher dieser ungeheuerliche Befehl des Pharao.

»Wir fürchteten aber Gott und taten nicht, was uns der Pharao befahl«, sagte die Alte. Und die andere nickte wieder bedächtig und fügte ergänzend hinzu: »Wir ließen die Knaben am Leben.«

Ich sah sie nachdenklich an. Wie zwei Raben hockten sie da. Aus ihren schwarzgrauen Tüchern sahen mich ihre dunklen Augen unverwandt an. Ein wenig listig, wie mir schien. Und ich fragte mich, ob es sich wohl wirklich so zugetragen hatte.

Wie konnten sie denn einen königlichen Befehl verweigert haben und ungestraft davongekommen sein? Mir schien das unmöglich. Und warum, so überlegte ich, sollte der Pharao ausdrücklich befohlen haben, die Mädchen nicht zu töten? Kam es ihm darauf an, die heranwachsenden Kriegsmänner zu beseitigen? Oder gab es eine Art Tabu für das Töten von Frauen, das er nicht zu verletzen wagte? Ich starrte sie neugierig an; aber sie saßen schweigend da und lächelten geheimnisvoll in sich hinein, als brüteten sie über einem uralten Geheimnis.

»Gab es ein Gesetz, das ihm verbot, Frauen zu töten, seien es neu geborene Mädchen oder auch erwachsene Frauen?«, fragte ich.

Statt mir zu antworten sagten sie: »Der Pharao fragte: ›Warum tut ihr das und lasst die Knaben am Leben?‹ Wir sagten ihm, dass es bei den hebräischen Frauen nicht so wäre wie bei den Ägypterinnen, sondern so wie bei den Tieren. Wenn wir kamen, hatten sie schon geboren.«

Was sollte ich davon halten? War es denn möglich, dass der Pharao sie höflich gefragt hatte, warum sie seinem Befehl nicht gehorchten, anstatt sie zu bestrafen, wie es sein Recht gewesen wäre? Stimmte das denn, was sie mir berichteten? Oder hatten sich die Ereignisse in ihren alten Köpfen ein wenig verwirrt?

Es gibt nur zwei Möglichkeiten, dachte ich, entweder glaube ich ihnen, oder ich glaube ihnen nicht. Wenn ich ihnen nicht glauben will, dann wäre es besser, einfach aufzustehen und davonzugehen. Aber das brachte ich nicht fertig.

Ihren Worten nach hatten es die hebräischen Frauen wohlweislich zu verhindern gewusst, dass die beiden Hebammen, deren Auftrag ja bekannt gewesen sein musste, ihnen bei der Geburt ihrer Kinder halfen. Dann hätten es die Hebräerinnen also aus Angst vor dem Pharao vorgezogen, ihre Kinder ohne fremde Hilfe zur Welt zu bringen. Oder gab es noch andere, verlässlichere Wehmütter unter den Bedrängten?

Ich merkte, dass es mir nicht leicht fallen würde, die Wahrheit herauszufinden, denn ihre Worte waren doppelzüngig.

Gern hätte ich sie nach Einzelheiten einer damaligen
Entbindung gefragt, denn wann würde sich mir jemals
wieder die Gelegenheit bieten, mit so erfahrenen Frauen,
wie sie es waren, darüber reden zu können? Aber da sie
anscheinend wirklich nur in der Lage waren, immer die
gleichen bekannten Sätze zu wiederholen, ließ ich es sein.

Als ich mich fragte, was diese beiden Frauen denn
überhaupt mit Mose zu tun hatten – sie waren weder mit
ihm verwandt, noch hatten sie ihn erzogen, und nach
dem, was sie mir erzählten, hatten sie ihn ja nicht einmal
auf die Welt geholt –, da schienen sie meine Frage plötzlich zu ahnen. Sie sagten: »Wir gehörten zu den Frauen,
in deren Schutz das Kind heranwuchs.«

Wie sie so dasaßen unter den knorrigen Olivenbäu-
men, da erkannte ich, dass der Schatten dieser Alten bereits auf Mose gefallen war, als er noch in der Verborgen-
heit des Mutterleibes heranwuchs. Und dass ihre Schatten
– der bedrohliche und der schützende – zu ihm gehörten
von Anfang an.

Seit diesem Augenblick sah ich sie mit anderen Augen
an. Ich sah in ihnen nun die alten, weisen Frauen der Sagen und Märchen, die – als wollten sie ihre Wichtigkeit
dadurch noch betonen – hier gleich in doppelter Gestalt
auftraten. Ich erkannte in ihnen die Wächterinnen am
Tor zum Leben. Von alters her hatten sie rechts und links
neben dem Eingangstor gesessen und über Leben und
Tod entschieden. Ich dachte: sie tragen zwar weder das
zweischneidige Schwert der Helden in ihren starken
Händen noch die doppeltgeschliffene Axt der Göttinnen,
aber sie haben das Schicksal der Menschen bestimmt,
noch bevor sie auf die Welt kamen. Es gab für sie keinen
anderen Weg ins Leben als dieses Tor, das die Frauen aufmerksam bewachten. Ich erkannte, dass sie einmal die
ganze Fülle der weiblichen Macht in ihren Händen gehalten hatten.

Plötzlich erfüllte mich ein ganz und gar ehrfürchtiges Gefühl vor diesen beiden Frauen, und ich glaubte es nun gern, dass sie durch die Kinder gesegnet waren, die dem Volk geboren wurden.

Nie würde ich wissen, was in ihren Köpfen vorging. Wie sollte ich ihre Gedanken jemals erfahren, die in solch unermesslichen Tiefen der Vergangenheit wurzelten? Ihr Wissen reicht in eine Zeit zurück, die weit vor der lag, in der sie einst Mose zum Leben verhalfen.

Diese beiden Frauen hatten noch in einer Welt gelebt, in der die Gebote unbekannt waren. Sie hatten den Befehl *»Du sollst töten!«* mit ihrem mutigen »Nein!« verweigert, ohne sich auf das fünfte Gebot berufen zu können. Sie waren damals noch jung und schön gewesen, wie ihre Namen verrieten, Pua, *das Mädchen*, und Schifra, *die Liebliche*, die mir jetzt als ehrwürdige Greisinnen gegenübersaßen. Sie hatten das Gesetz der Zärtlichkeit und des Erbarmens eigenmächtig über das Gesetz der Macht erhoben und waren straffrei geblieben.

Ehrerbietig sagte ich zu ihnen: »Ohne euch, ihr weisen Frauen, die ihr von alters her den ersten und den letzten Dienst an den Menschenkindern übtet, ihr Geburtshelferinnen und Totenfrauen, die ihr die Menschen gewaschen und gekleidet habt für ihre langen Reisen in die diesseitige und in die jenseitige Welt, ohne euch wäre das Volk Gottes nicht ausgekommen. Niemand konnte auf euch verzichten. Auch Mose, der große Gesetzgeber, nicht.«

Ob sie mich verstanden? Ich war mir nicht sicher. Sie saßen still da, nickten mit den Köpfen und lächelten vor sich hin.

2. Mose 1,15-22

Jochebed

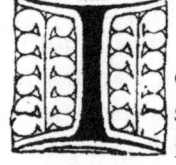ch sah von einer zur anderen. Jede dieser sechs Frauen hatte zu Mose gehört. Eine von ihnen musste seine Mutter sein. Sie gab sich zu erkennen, indem sie sagte: »Ich bin Jochebed.«

Ihre Stimme klang seltsam. Mir fiel aber nicht ein, woran sie mich erinnerte, als sie sagte: »Ich war dem Pharao gehorsam, als er befahl: ›Die Knaben sollen in den Nil geworfen werden!‹ Ich habe meinen Sohn dem Nil übergeben.«

Sie hat recht, dachte ich, er hatte ja nicht verboten, die Kinder in wasserdichte Körbe zu legen, und fragte, ob andere Mütter es ebenso gemacht hätten wie sie.

»Was hättest du denn getan?«, fragte sie zurück.

Da schämte ich mich meiner Frage; denn welche Mutter hätte ihren Sohn nicht behütet und beschützt? Eher würde sie selbst sterben, als zuzulassen, dass ihr hilfloses Kind ermordet wird. Das war damals nicht anders als heute. Ebenso wie es die Hebammen verstanden hatten, das Leben der Neugeborenen zu schützen, wie Jochebed es verstanden hatte, ihren kleinen Sohn zu verbergen, und wie Mirjam ihren Bruder bewachte, so waren auch die anderen hebräischen Frauen in der Lage gewesen, den Befehl des Pharao zu umgehen. Daran konnte überhaupt kein Zweifel sein.

Jochebed saß wie in Gedanken versunken da. Trotzdem fragte ich sie, welche Rolle Amram, der Vater ihrer

Kinder, eigentlich bei der Rettungsaktion gespielt habe. Da sie mich nur verständnislos ansah, versuchte ich es mit der Frage: »Wo war dein Mann, Jochebed, als Mose geboren wurde und der König ihm nach dem Leben trachtete?«

»Er baute die Stadt des Pharao«, antwortete sie.

»Er war also nicht zu Hause?«, fragte ich weiter; aber ihr Blick machte mir deutlich, dass es unmöglich war, von meinem eigenen Verständnis von Ehe und Familie auszugehen, wenn ich ihre Situation auch nur annähernd verstehen wollte. Es muss alles ganz anders gewesen sein, sagte ich mir, sonst würde sie doch bereit sein, solch eine einfache Frage zu beantworten.

Wenn es sich nun so verhalten hätte, dass zu ihrer Zeit und in ihrem Volksstamm matriarchale Strukturen und Sitten vorherrschten, überlegte ich, dann hätten Mann und Frau damals kein gemeinsames Leben geführt, wie es später unter Eheleuten üblich wurde. Dann hätte Amram, der im Dienst des Pharao stand, ebenso wie die Wanderhirten, die ihre Tiere von einem Weideplatz zum anderen führten, oder wie die Handelsleute, die mit den Karawanen von einem Ort zum anderen reisten, nur als gelegentlicher, gern gesehener Gast bei seiner Frau gewohnt. Wahrscheinlich während der Jahreszeitenfeste, überlegte ich. Und wie alle anderen Männer, so hätte auch Amram nur während der Festzeit seiner Frau beigewohnt und für Nachwuchs gesorgt.

Wenn Mose das Kind einer solchen *Besuchsehe* gewesen war – warum sonst erfuhr man nichts über seinen Vater? –, wenn seine Mutter also in einem Umfeld gelebt hätte, in dem die Achtung vor dem Leben größer war als das Erfüllen patriarchaler Gebote, dann lohnte es sich bestimmt, seinen Lebensweg und seine Entwicklung einmal ein wenig genauer anzusehen und von Anfang an zu verfolgen.

Ich sah Jochebed an. Auch sie entschied sich damals bedingungslos für das Leben und gegen den Gehorsam. Und sie machte aus ihrer Tochter Mirjam nicht nur eine Vertraute, sondern auch eine Mitstreiterin.

Aber stritten sie denn? Leisteten sie Widerstand? Kämpften sie um ihre Rechte? Nein, nichts von alledem taten die Frauen. Sie versteckten nur ihre Kinder im Schilf. Binsenkörbchen und spielende Schwestern waren keine staatsgefährdenden Waffen.

In den Augen des Pharao und seiner Beamten hätte alles nur lächerlich, naiv und unüberlegt gewirkt, was sich die Frauen da ausgedacht hatten, wenn das Versteck im Schilf aufgespürt worden wäre. Aber sie haben es nicht gefunden; denn in Wirklichkeit hatten die Frauen nichts dem Zufall überlassen, sondern einen genauen Plan entworfen und ihn ebenso genau ausgeführt. Am Ende hatte es sich gezeigt, dass die wehrlosen Frauen dem waffenstrotzenden Pharao tatsächlich überlegen waren.

Ungestört setzten sie Jahr für Jahr ihr einmal begonnenes Werk fort. Nachdem Mose dem mütterlichen Schoß entwachsen war und sich an der mütterlichen Quelle sattgetrunken hatte, brachte Jochebed ihn an den königlichen Hof. Nun war er nicht mehr einer der namenlosen, gefährdeten, verachteten hebräischen Knaben, sondern der angesehene Ägypter Mose, ein Sohn der Königstochter.

Ob Jochebed bei ihm geblieben ist im Haus des Pharao? Mose hat immer gewusst, dass er ein Hebräer war, obwohl er einen ägyptischen Namen trug und von ägyptischen Gelehrten unterrichtet wurde. Wer anders hätte dafür gesorgt, dass er sich seiner Herkunft bewusst blieb, wenn nicht sie?

»Ich bin seine Mutter«, sagte Jochebed bestimmt. Und wieder ließ mich ihre Stimme aufhorchen.

Plötzlich wusste ich, woran sie mich erinnerte. Sie klang wie gesprungenes Glas. »Was hat man dir angetan,

Jochebed?«, wollte ich sie fragen. Aber weil die Vornehm-
ste der Frauen gerade zu reden begann, wandte ich mich
ihr zu und vergaß meine Frage.

2. Mose 2,1-14

Die Tochter des Pharao

ie hat ihn geboren und Ammendienste an ihm verrichtet«, sagte sie, »aber ich habe ihm das Leben geschenkt. Ich habe ihn aus dem Wasser gezogen. Ich habe ihm einen Namen gegeben und Heimatrecht in meinem Volk. Ich habe ihn nähren, kleiden und erziehen lassen. Ich bin seine Mutter. Ich habe ihn aus seinem Sklavendasein befreit.«

Ja, so hatte ich sie mir vorgestellt, die königliche Frau, die im Nil badete und sich weder vor Krokodilen noch vor Flussdämonen fürchtete. Für sie war der Nil nicht der Feind, der Menschenkinder tötet. Sein Wasser verschlang sie nicht. Im Gegenteil, es erfrischte sie und diente ihr.

Welch eine Frau! dachte ich, als ich in ihr stolzes Gesicht sah. Niemandem war sie untertan. Welche Rolle mochte sie am Hof des Pharao gespielt haben? Führte sie ein sorgenfreies, angenehmes Leben im Kreise ihrer Hofdamen? Oder war sie die Repräsentantin ihres Volkes gewesen, und somit mächtiger als alle anderen Frauen im Land?

Ich erinnerte mich an zahllose Darstellungen königlicher Frauen und Priesterinnen aus dem alten Ägypten, die ich so oft bewundernd angesehen hatte. Selbst nach den unvorstellbar vielen Jahren, die seitdem vergangen waren, hatten ihre Bilder, Büsten und Statuen nichts von ihrer Hoheit verloren. Es erschien mir deswegen undenkbar, dass die Tochter des Pharao eine einflusslose, unbedeutende Persönlichkeit gewesen sein könnte.

Diese Königstochter hatte jedenfalls entgegen dem ausdrücklichen Befehl ihres Vaters den hebräischen Knaben gerettet. Sie hatte ihn sogar adoptiert und als seine Mutter dafür gesorgt, dass eine glänzende Laufbahn vor ihm lag.

Mose hatte ihr alles zu verdanken: sein Wissen, seine hervorragende Stellung, sein ganzes Leben. Er kannte sich gut aus am ägyptischen Königshof. Und er wusste seine außerordentliche Erziehung gut zu nutzen, nachdem er mit der Führung seines Volksstammes beauftragt worden war.

Die königliche Frau saß da, ein wenig abseits von den anderen, ihren stolzen Kopf erhoben und sah mich aufmerksam an. Meine grenzenlose Bewunderung schien sie wie selbstverständlich hinzunehmen.

Meine Befangenheit spürte ich vor allem daran, dass ich sie nichts zu fragen wagte. Auch die Frage, ob sie wirklich die Tochter des Pharao oder ob sie seine Gattin gewesen sei oder ob der Thron des Pharao zu ihrer Zeit gar von einer Frau besetzt gewesen war, brachte ich nicht über die Lippen. So erfuhr ich wenig von ihr.

Aber ich bemerkte etwas anderes: Seitdem ich seinen beiden mächtigen Müttern gegenübersaß, die ihn geboren und erzogen hatten, begann mich Mose, das Mutterkind, mehr und mehr zu interessieren, dieses Kind einer stolzen Hebräerin und einer stolzen Ägypterin, deren Glaube, Kultur und Geschichte sich in ihm vereint und vermischt hatten. Mich interessierte, wie sehr das spätere Leben und Wirken des großen Mannes, der er geworden war, von den Frauen geprägt wurde. Einen Vater schien weder das Kind noch der heranwachsende Mose gekannt zu haben.

Mich wunderte nicht, dass er mit den ersten Männern, denen er begegnete, als er seine heile, mütterliche Welt für einen Augenblick verließ, schlechte Erfahrungen machte. Er mischte sich in ihre Auseinandersetzungen ein, wurde selbst gewalttätig und beging einen Mord.

Wie nahm sie, die ägyptische Mutter, diese schlimme Geschichte auf? War sie enttäuscht, empört, zornig? Hatte sie mehr Dankbarkeit erwartet? Hatte sie gehofft, dass er eines Tages als ihr Sohn und Erbe eine wichtige Aufgabe in ihrem Reich übernehmen würde? Oder hatte sie alles längst so kommen sehen? Hatte sie gewusst, dass Mose in Wahrheit das Kind der Jochebed bleiben würde?

Wahrscheinlich hat sie ihrem Sohn Mose, dem Hebräer, nach seiner unbedachten Tat zur Flucht über die Landesgrenze verholfen.

Sie saß unbeweglich da. Ich hatte zwar nicht den Mut, sie anzusprechen; aber ich hörte sie sagen:

»Ich bin seine Mutter, denn ich habe ihn aus seinem Sklavendasein befreit.«

Das musste genügen.

2. MOSE 2, 1-14

Zippora

Er flüchtete in meine Arme«, sagte Zippora. Sie saß lächelnd da in ihrem roten Kleid und hielt ihre Arme um die Knie geschlungen. Ich weiß nicht, wie ich sie mir gedacht hatte, die Tochter des Priesters von Midian. Aber so herausfordernd, so freimütig und ungezwungen hatte ich sie mir nicht vorgestellt. Kein Wunder, dass Mose von ihrem Anblick bezaubert war, als er ihr zufällig am Brunnen begegnete.

Zippora erzählte, es habe sie seinerzeit sehr beeindruckt, dass der junge, vornehme Ägypter sie und ihre Schwestern vor den grobschlächtigen Hirten in Schutz nahm und ihnen beim Wasserschöpfen half. Sie sei gar nicht ungern in die Kammer des Gastes gegangen, als ihr Vater es von ihr erwartete.

Gar nicht ungern? Wie sollte ich das verstehen? War sie etwa verliebt gewesen? Verliebt in Mose?

Mir wurde bewusst, dass er damals noch nicht der finster blickende, gehörnte Patriarch gewesen war, als der er mir aus vielen Darstellungen bekannt ist. Als Zippora sich in ihn verliebte, war er jung und abenteuerlustig, ein feingebildeter Ägypter, ein Märchenprinz, ein mutiger Held, der den Mädchen am Brunnenplatz Beistand leistete. Außerdem unterschieden sich wahrscheinlich ihre und meine Vorstellungen von Sitte und Moral wesentlich voneinander. Es lohnte sich also nicht, dass wir uns über das Gastrecht stritten. Auch aus anderen Berichten, die

übrigens weniger positiv endeten, war mir bekannt, dass
dem Gast des Hauses jeder Wunsch von den Augen abzu-
lesen war. Wenn Zippora also nichts dagegen einzuwen-
den gehabt hatte, warum sollte ich mich darüber
empören, dass Mose sein Gastrecht wahrnahm und sie in
seine Kammer bat?

»Bald nach der Geburt unseres ersten Sohnes begegnete
ihm Gott zum ersten Mal in seinem Leben«, erinnerte sie
sich.

Dieser Gott, der sich dem jungen, ungestümen Mose in
Zipporas eigenem Land im brennenden Dornbusch offen-
barte, konnte doch wohl nur ihr eigener Gott gewesen sein,
Midians Gott. Aber darüber ließ sie mich im Unklaren.

»Sooft ich an seine erste Gottesbegegnung denke,
erinnere ich mich seiner kindlichen Unbefangenheit«,
sagte sie lächelnd. »Er war völlig unerfahren in kulti-
schen Dingen. Nichts wusste er. Nicht einmal, dass eine
heilige Stätte nicht mit Schuhen an den Füßen betreten
werden darf. Der Engel musste ihn erst dazu auffordern,
sich die Schuhe auszuziehen, als er sich neugierig der
seltsamen Erscheinung näherte. ›Zieh deine Schuhe aus,
das Land auf dem du stehst, ist heiliges Land‹, sagte er.«

Zu seinem Glück hatte Mose in Zippora eine kulter-
fahrene Frau gefunden. Sie kannte sich in den religiösen
Bräuchen ihres Landes aus und wusste, dass Gott überall
in Erscheinung treten konnte, nicht nur in Tempeln und
heiligen Zelten, sondern auch mitten im Ödland. Ohne
sie wäre es ihm wahrscheinlich schlecht bekommen, sich
mit Gott herumzustreiten.

»Von dem Augenblick an, als er Gottes Allgegenwart
zum ersten Mal selbst spürte und des Allmächtigen
Stimme zum ersten Mal selbst hörte, begann sich sein Leben von Grund auf zu ändern«, erinnerte sie sich. »Seitdem hat Gott angefangen, Besitz von ihm zu ergreifen,
um ihn nie wieder freizugeben.«

Ich sah sie nachdenklich an. Sie war mir fremder als die anderen, denen ich begegnet war. Sie ist eine rote Frau, sagte ich mir, eine Ungezähmte. Sie ist keine von denen, die weiße Kleider tragen und klein beigeben. Zwei Söhne hatte sie geboren, und trotzdem war sie in Midian geblieben, als Mose nach Ägypten zurückging. Sie hatte ihn nur bis zur Grenze begleitet, nicht weiter. Ich erinnerte mich der seltsamen Geschichte, in die sie beide verwickelt wurden.

»Gott hatte ihm ausdrücklich befohlen, nach Ägypten zurückzukehren, und dann überfiel er ihn an der Grenze und wollte ihn töten – wie passt das zusammen?«, fragte ich sie und hoffte, von ihr eine Erklärung für dieses Rätsel zu bekommen, das ich schon oft vergeblich zu lösen versucht hatte.

Aber statt auf meine Frage einzugehen, fragte sie: »Steht nicht alles geschrieben?«

»Was geschrieben steht, ist wenig genug«, sagte ich und zitierte: »*Unterwegs in einer Übernachtungsstätte überfiel ihn Jahwe und versuchte, ihn zu töten. Da nahm Zippora einen scharfen Stein, schnitt damit die Vorhaut ihres Sohnes ab, berührte damit seine Scham und sagte: ›Ein Blutbräutigam bist du mir.‹ Daraufhin ließ er von ihm ab. Blutbräutigam sagte sie zu ihm wegen der Beschneidung.*«

»Ja«, bestätigte sie, »so ist es gewesen.«

Aber damit konnte ich mich nicht zufrieden geben. »Woher wusstest du, was zu tun war?«, fragte ich. »Woher kanntest du dieses Ritual, mit dem sich der ungnädige Gott besänftigen ließ?«

Sie, die Priesterstocher, saß da und lächelte. Schließlich sagte sie: »Über mich hatte Gott keine Gewalt, weil ich eine Frau bin. Ich konnte Mose schützen, indem ich uns vor seinem Angesicht zu Mann und Frau erklärte und ihn dadurch in die Gemeinschaft der Gläubigen aufnahm. Ich vermählte mich symbolisch mit ihm und sprach die uralte Bundesformel: *Ein Blutbräutigam bist du mir.*«

Mir schien dieser Satz wieder ein Hinweis für die An-
dersartigkeit ihres Gottes zu sein. Schon die Tatsache,
dass Reguel oder Jitro, der Priester von Midian, Vater von
sieben Töchtern war und nicht von sieben Söhnen, hatte
mich nachdenklich gemacht. Diese siebenfache Weiblichkeit wird sicher nicht zufällig oder versehentlich erwähnt.
Eine symbolische Zahl, ein komplettes Siebengestirn,
dazu die wissende, eingeweihte Zippora, die Mose an der
Grenze ihres Vaterlandes das Leben rettete – sind das
nicht Hinweise genug auf die Tatsache, dass Midians
Gott grundsätzlich anders war als der Gott, der Herr vom
Sinai, dem Mose später diente? Herrschte zu ihrer Zeit
die Große Göttin in Midian?

Um mir Gewissheit zu verschaffen, fragte ich Zippora:
»Glaubtest du an den Gott der Väter?«

Sie sah mich erstaunt an. »Warum sagst du *Gott der
Väter*? Ist er nicht auch dein Gott?«, fragte sie.

Ja und nein, wollte ich antworten. Aber dann sagte ich
es doch nicht, denn wie konnte ich erwarten, dass sie
mich verstehen würde, wenn ich ihr erklärte, dass mein
Gott der dreieinige Gott der Christen ist?

Zippora erzählte mir, dass sie zu ihrem Vater und zu
ihren Schwestern zurückgegangen sei, während Mose in
Ägypten war, um sein Volk zu sammeln und wegzu-
führen. Sie hat den Exodus der Hebräer nur von weitem
beobachtet. Es hat eine Weile gedauert, aber eines Tages
haben sie sich in der Wüste, zu Füßen des Gottesberges,
dann doch wieder gefunden.

Mit den beiden Kindern und ihrem Vater war sie unerwartet im Lager der Israeliten aufgetaucht. Selbstverständlich war sie sehr aufgeregt gewesen. Sie konnte ja
nicht wissen, wie Mose sich ihr gegenüber verhalten
würde, denn inzwischen war er ein berühmter Volksheld
und Volksführer geworden. Vielleicht hatte er sogar eine
neue Frau gefunden?

Ihr Vater, der ehrwürdige Priester von Midian, nahm –
wie bei ihrer ersten Begegnung – die Sache wieder in die
Hand, indem er Mose ausrichten ließ: »Ich, dein Schwiegervater, komme zu dir, zusammen mit deiner Frau und
ihren beiden Söhnen.«

Zipporas Sorgen erwiesen sich zum Glück als unbegründet. Mose war zwar sehr beschäftigt, aber trotzdem
war er hocherfreut, sie alle wieder zu sehen. Er ging ihnen
entgegen, fiel vor seinem Schwiegervater nieder, küsste
ihn und führte ihn in sein Zelt. Dann herzte und küsste
er seine beiden Kinder und Zippora, nach der er sich gesehnt hatte, und sie saßen alle eng beisammen und redeten bis spät in die Nacht.

Damals gab der Priester von Midian seinem Schwiegersohn Mose einen sehr guten Rat, nachdem er in den folgenden Tagen miterlebte, wie sehr Mose sich mit der Lei-
tung des Volkes verausgabte.

»Vertritt du das Volk vor Gott«, riet er ihm. »Bring ihre
Rechtsfälle vor ihn, unterrichte sie in den Gesetzen und
Weisungen und lehre sie, wie sie leben und was sie tun sollen. Aber gib dem Volk Vorsteher für je tausend, hundert,
fünzig und zehn, damit sie jedem einzelnen jederzeit als
Richter zur Verfügung stehen. Lass sie alle wichtigen Fälle
vor dich bringen, und die leichteren selber entscheiden.«

Mose nahm den klugen Vorschlag seines weisen
Schwiegervaters an und entlastete sich selbst, indem er
auch andere Verantwortung tragen ließ.

Bald darauf verabschiedete sich der Priester von Midian
von den Israeliten und verließ ihr Lager. Zippora und ihre
Söhne Gerschom und Elieser aber blieben bei Mose und
zogen weiter mit dem Volk durch die Wüste in der Hoffnung, irgendwann einen geeigneten Ort zu finden, an
dem sie siedeln könnten.

Aus Mose, dem Bübchen im Schilf, dem Jüngling, der
den Ägypter erschlug, aus Zipporas Blutsbräutigam war

nun ein erwachsener Mann geworden. Für die schwierigen Verhandlungen mit dem Pharao hatte er noch seinen
Bruder Aaron gebraucht, und sein Schwiegervater half
ihm, seine vielfältigen Leitungsaufgaben zu organisieren,
aber oben auf dem Berg redete er mit Gott allein.

Niemand hat den erwachsenen Mose wirklich gekannt.
Nur die Frau, die für sich behielt, was sie von ihm wusste.
Hätte sie mir mehr von ihm erzählt, wenn ich sie nach
Einzelheiten gefragt hätte? Vor allem hätte ich sie fragen
sollen, warum Mirjam sie *die Kuschitin* nannte.

Aber sie erhob sich mit den anderen Frauen, als sich
der Himmel zu verfärben begann. Bei dem Jubel, in den
alles um mich her ausbrach, als die Sonne aufging, vergaß
ich alles andere. Nie zuvor habe ich das tägliche Wunder
der Sonnengeburt bewusster erlebt als hier und jetzt in
diesem Land, in dem jeder Stein, jeder Baum, jeder Was-
serlauf, jedes lebendige Wesen und jeder Mensch ein Teil
der uralten Geschichte der Frauen ist. Ich fühlte mich
selbst wie ein Stück lebendig gewordener Vergangenheit.
Ich fühlte mich wie verzaubert unter diesem Licht.

2. Mose 2,15-22; 3,1-22; 4,1-20.24-26; 18,1-27; 4. Mose 12,1

Mirjam

irjam griff nach ihrer Handpauke, als sich die Frauen wie verabredet erhoben. Ich blieb als einzige sitzen, weil ich mich in ihren Gewohnheiten nicht auskannte, und kam mir wieder sehr fremd unter ihnen vor.

Mirjam schlug ihre kleine Pauke, dass mir die Ohren klangen. Alle klatschten dazu in die Hände. Sie fingen an, in einer Art Schreittanz um mich herumzugehen. Als Mirjam ihr Lied anstimmte, zogen sie mich in ihren Kreis, und ich bewegte mich mit ihnen im gleichen Rhythmus, klatschte wie sie in die Hände und sang mit ihnen Mirjams altes Lied:

Singet Jahwe, denn er hat sich hoch erhaben gezeigt,
Rosse und Wagen warf er ins Meer!

2. Mose 15,21

Wir wiederholten dieses Lied immer wieder, tanzten dazu, stampften mit den Füßen, drehten uns im Kreis und klatschten in die Hände, bis wir schließlich alle lachend und atemlos stehen blieben.

Wir sahen auf Mirjam, die ihre kleine Pauke wieder an ihrem Gürtel befestigte und sich das Gewand zurechtzog.

Sie war eine groß gewachsene, schlanke Frau, die Prophetin, die Schwester von Mose und Aaron. Ihr Gesicht, das einmal vom Aussatz entstellt gewesen war, strahlte.

Ich konnte mir gut vorstellen, dass das Volk sie verehrt hatte und ihr in Liebe zugetan war. Man sagte, ein Gottesdienst, in dem Mirjam nicht mit den Frauen getanzt hätte, wäre kein rechter Gottesdienst gewesen.

Ich konnte das verstehen, denn als Prophetin war sie ein Sprachrohr Jahwes, des Erhabenen, der auf Pferde und Streitwagenkämpfer verzichten konnte, der nicht auf Krieger und Wagen angewiesen war, weil ihm der Wind und das Meer gehorchten.

Mirjam diente diesem Gott, lange bevor Mose am Sinai dessen neue Gebote in Empfang genommen hatte. Sie sang ihm Loblieder in den Versammlungen und schritt seinem Volk singend und tanzend voraus auf dem Weg in das Gelobte Land, dem Ziel ihrer Hoffnung.

Ich stellte mir die Fröhlichkeit vor, mit der Mirjam das Gesetz Gottes verkündete, und verglich sie mit der Strenge, mit der es später verbreitet wurde. Ein wenig spürte ich die starke Ausstrahlung der Mirjam von damals, als sie mit blitzenden Augen vor mir stand und mit ihrer hellen Stimme zu mir sagte:

»Wenn du wissen willst, wer wir waren, dann vergiss nicht, dich danach zu erkundigen, wer Mose nicht war.«

Ich gebe zu, ich war beeindruckt von Mirjam. Von dem Klang ihrer Stimme und von dem, was sie sagte. »Wer war er also nicht?«, fragte ich.

»Er war kein Gott«, sagte sie, als habe sie darauf gewartet, es endlich einmal aussprechen zu können.

»Hat er das behauptet?«, fragte ich erstaunt.

»Er tat gelegentlich so«, sagte sie.

Bis auf Zippora lachten alle Frauen. Mich wunderte ihre Antwort. Ich erinnerte mich gut daran, dass sie einmal bestraft worden war, weil sie ihn getadelt hatte.

»Mose hatte Fehler wie jeder Mensch«, erklärte sie, als habe sie die damalige Zurechtweisung längst vergessen. »Ich kannte ihn besser als viele andere Gläubige. Er war ängstlich, unsicher, jähzornig, neugierig, eitel und macht-hungrig. Er war ein Kind«, sagte sie.

Und ich dachte, sie redet genauso, wie Schwestern re-den, denen es in Fleisch und Blut übergegangen ist, ihre kleinen Brüder zu verbessern und zu belehren.

»War er nicht auch demütig?«, fragte ich.

»Demütig war er auch«, antwortete sie, »wenn es da-rauf ankam.«

Die Frauen lachten wieder, und ich lachte mit, weil mich die typische Große-Schwester-Haltung belustigte, die aus ihren Worten herauszuhören war. Ältere Schwe-stern lieben ihre jüngeren Brüder so sehr, dass sie sich einiges herausnehmen dürfen.

Aber es schien sich in ihrem Fall doch um etwas ande-res zu handeln; denn als sie geradeheraus sagte: »Es war einfach unverzeihlich, dass er die Kuschitin zur Frau ge-nommen hat!«, klang es verletzt.

War sie womöglich eifersüchtig? Aber dann hätte sie auch auf Aarons Frau eifersüchtig sein können. Allerdings war Elischeba im Gegensatz zu Zippora keine Fremde, sondern eine Stammesangehörige gewesen.

»Aaron war der gleichen Meinung wie du«, erinnerte ich mich.

Worauf sie erwiderte: »Nicht nur Aaron. Wir alle hiel-ten es für einen Skandal.« Wie finster sie zu Zippora hinübersah! Aber die schien das entweder nicht zu stören oder gar nicht zu bemerken. Sie musste schon an Mirjams schroffe Ablehnung gewöhnt sein.

War das wirklich Eifersucht? Oder stand Mirjam, die *Schwester*, in einer noch anderen Beziehung zu Mose, als mir bekannt war? Hatte er dadurch, dass er Zippora an-hing, eine gemeinsame Tradition leichtfertig aufs Spiel ge-setzt? Jedenfalls wehrte sie sich gegen die Fremde.

Auch Zippora hatte sich gegen den Wüstendämon ge-wehrt, der ihn ihr nehmen wollte, indem sie Mose in aller

Eile zu ihrem *Blutbräutigam* gemacht und sich dadurch fest an ihn gebunden hatte.

»Dein Protest hat dir nichts genützt. Du hast dir dadurch nur Jahwes Ärger und einen üblen Ausschlag eingehandelt«, sagte ich zu Mirjam.

Das gab sie zu. Aber zugleich, sagte sie, habe ihr diese Geschichte auch deutlicher als alles andere gezeigt, wie groß ihr Einfluss auf das Volk trotz allem immer noch war.

Sie sagte: »Das Volk hat zu *mir* gehalten, und alle – selbst mein Bruder Mose – ergriffen meine Partei. Niemand verließ das Lager, bevor ich ganz geheilt war. Niemand murrte und klagte, wie sie es sonst so oft taten. Selbst Jahwe beugte sich dem Willen meines Volkes, das nicht bereit war, auf *mich* zu verzichten.«

Ich spürte, welch eine Kraft ihr dieses Erlebnis gegeben hatte. Sie strahlte immer noch in Erinnerung an das *Wunder von Hazerot*, wie sie es nannte. Und mir erschien es selbst wie ein Wunder, dass das Volk trotz allem in Treue zu *ihr* gehalten hatte.

Wie ich sie so heil und schön vor mir stehen sah, dachte ich: du hast mir Mut gemacht, Mirjam! Und ich sagte zu ihr: »Immer werde ich an dich denken, Mirjam, sooft es mir schlecht ergeht nach einer Niederlage, die ich mir im Kampf mit den Mächtigen einhandeln werde.«

»Wenn du nur niemals daran zweifelst, wie stark die Kraft der Gläubigen ist«, sagte sie und riet mir: »Und vergiss nicht, dass wir Brüder haben!«, bevor sie sich anschickte, den Frauen vorauszugehen.

Sogleich erinnerte ich mich in Dankbarkeit all meiner Brüder, die mir jemals geholfen hatten.

»Und vergiss nicht, dass wir die Schwestern der Brüder sind!«, rief sie mir zu, nachdem sie schon eine Strecke gegangen waren.

»Wie sollte ich das vergessen, Mirjam, Schwester«, antwortete ich ihr etwas erstaunt, »ich bin eine Frau wie du!«

Aber sie schüttelte den Kopf. Hatte sie es anders gemeint? Ich dachte darüber nach, ob ich in Wirklichkeit überhaupt wusste, was es bedeutet, eine Schwester zu sein. Und ich dachte, eine Schwester, die nicht die Dienerin ihrer Brüder ist, sondern die ihnen und dem ganzen Volk vorausschreitet, eine Schwester wie dich, Mirjam, wo finde ich sie denn?

2. Mose 14,20-21; 4. Mose 12,1-16; 20,1; 26,59; Micha 6,4

Debora und Jael

Irgendwo begegneten wir an diesem Tag dem Esel. Er tat zutraulich und schloss sich uns an. Ein paar Mal versuchte ich zwar, ihn zu vertreiben; aber er hatte viel von der sprichwörtlichen Störrigkeit, die man seiner Art nachsagt, so dass ich es bald aufgab und ihn gewähren ließ. Nachdem ich ihm dann während einer Rast ein Apfelstück gegeben hatte, war ohnehin alles geregelt: er würde uns geduldig nachgehen und mein Bündel tragen.

Am Abend, als wir bei einem verlassenen Gebäude angekommen waren und ich mich in einem der leeren Räume nach einem Schlafplatz umsah, war mir, als hörte ich Stimmen. Aber ich war mir nicht sicher. Es könnte auch das Rieseln der Quelle im Innenhof sein, sagte ich mir, oder der warme Abendwind, der in den Zweigen der Terebinte spielt.

Aber bald darauf wusste ich, dass die Stimmen der Nacht doch Menschenstimmen waren, wie ich es zuerst vermutet hatte. Ich stand leise auf und sah durch die Fensteröffnung in den Hof hinaus.

Zunächst konnte ich in der Dunkelheit nichts erkennen; aber dann, als der Mond hinter den Wolken hervorkam, sah ich die beiden weiß gekleideten Frauen in der Nähe der Quelle unter dem Baum. Sie saßen da in selbstverständlicher Vertrautheit. Es war sicherlich nicht das erste Mal, dass sie sich hier getroffen hatten.

Wer mochten sie sein? So neugierig ich auch war, wäre ich doch niemals auf den Gedanken gekommen, hinauszugehen und ihre Zweisamkeit mit meinen Fragen zu stören.

Aber sie sprachen so unbekümmert, dass ich nicht nur ihre Namen erfuhr, sondern auch, ohne es zu wollen, Zeugin ihres Gespräches wurde. Es waren Debora und Jael, die israelitische Richterin und die kenitische Fürstin, die sich hier gegenübersaßen. Sie tranken Quellwasser und aßen kleine rote Früchte, die neben ihnen auf einem Stein lagen.

Welch eine Kulisse, dachte ich bewundernd und kam mir vor, als sähe ich von einem Logenplatz auf eine Bühne hinunter. Noch bestaunte ich die prachtvolle Dekoration, als mich schon der Dialog zu fesseln begann.

»Was meinst du, werden sie von uns erzählen?«, fragte Debora beiläufig. »Werden sie die Wahrheit sagen?«

»Ich weiß es nicht«, antwortete Jael gelangweilt, »es wird darauf ankommen, was sie unter *Wahrheit* verstehen. Jedenfalls wirst du besser wegkommen als ich.«

»Besser? Wie meinst du das?«

»Ach, Debora«, seufzte Jael, »wie oft haben wir schon darüber geredet. Du weißt doch selbst genau, dass jedermann« – sie verbesserte sich: »dass jeder *Mann* dich wegen deiner Klugheit, wegen deines Selbstbewusstseins, wegen deiner planvoll-gezielten Art bewundert hat und bewundern wird.«

»Das ist nicht wahr«, widersprach Debora ruhig, »manchem wäre es lieber, wenn es mich gar nicht gegeben hätte.« Sie naschte ein paar von den roten Früchten, bevor sie fortfuhr: »Dass das höchste Richteramt einmal von einer Frau ausgeübt wurde, werden sie so gut wie möglich verschweigen. Sie werden es für einen historischen Irrtum halten oder für eines der unerklärbaren Wunder unseres Gottes.«

»Bei ihm ist kein Ding unmöglich, warum sollte er nicht einer Frau die Führung seines Volkes anvertrauen? Hat er nicht auch Eva aus der Rippe Adams gemacht?«

Debora schmunzelte. »Du spottest!«, sagte sie.

Ohne darauf einzugehen, fuhr Jael fort: »Hat er nicht Sisera, den großen Heerführer des Königs Jabin von Kanaan, durch mich schwaches Weib ins Jenseits befördern lassen?«

Debora verneigte sich: »Groß ist die Jael der Keniter!«, sprach sie feierlich.

Sie sahen einander lächelnd an.

Nach einer Weile stellte Jael nachdenklich fest: »Du bist eigentlich gar keine richtige Frau, Debora.«

Debora tat überrascht. »Wer sagt das?«

»Jael, deine Freundin, redet es den anderen nach.«

»Wer sind die anderen? Männer?«

»Männer auch.«

»Also Frauen?«

»Auch Frauen.«

Auf die Frage Deboras: »Wissen sie nicht, dass ich die Frau des Lappidot bin?«, fragte Jael zurück, als wüsste sie es wirklich nicht.

»Wer ist Lappidot?«

Darüber lachten beide.

»Männer!«, sagte Debora, immer noch lächelnd. »Was wären sie ohne uns?«

»Einige würden sicher länger leben«, erwiderte Jael gelassen.

»Zumindest würde keiner von ihnen ohne uns leben. Sie brauchen uns. Ohne uns kämen sie nicht einmal auf die Welt.«

»Abgesehen von Adam«, wandte Jael ein.

»Abgesehen von Adam.«

Jael gab zu bedenken: »Wir sollten zugeben, dass wir sie auch brauchen.«

Als Debora ihr widersprach und sagte: »Nicht alle«, fragte Jael sie: »Weißt du, warum es so viele Männer auf der Welt gibt, wenn sie doch gar nicht alle zur Fortpflanzung gebraucht werden?«

»Damit es Kriege gibt auf der Erde.«

»Nur darum, meinst du?«

»Es scheint so«, sagte Debora ungerührt, »denn sobald wir genügend Söhne empfangen, geboren und zu schönen, starken Menschen erzogen haben, werden sie uns genommen, in den Krieg geschickt und getötet!« Nach einer Weile fragte sie: »Was ist ein *Mann*, Jael?«

»Ein Mann ist ein Mann, wenn er erfolgreich ist, tapfer zu kämpfen versteht, keine Gefühle zeigt und Söhne zeugt«, antwortete Jael rasch, als lohne es nicht, länger darüber nachzudenken.

»Hört, was Frau Weisheit redet!«, spottete Debora, setzte dann aber mit veränderter, ernster Stimme hinzu: »*Ich* habe keinen Sohn empfangen.«

»Du warst eine Prophetin und hattest das Richteramt in Israel«, war Jaels nüchterne Antwort. »Man kann nicht alles haben.«

»Männer ja«, sagte Debora ruhig.

»Wolltest du lieber ein Mann sein, Debora?«, fragte Jael, und weil sie keine Antwort bekam: »Wolltest du es wirklich, Debora?«

»Vieles wäre leichter gewesen«, sagte sie nachdenklich.

»Was *vieles?*«

»Alles.«

»Was *alles?* Rede bitte so, dass ich es verstehe, Debora! Ich mag es nicht, wenn du so rätselhaft mit mir sprichst! Was meinst du damit, wenn du sagst, alles wäre leichter, wenn du ein Mann wärest?« Und weil Debora schwieg, sagte sie ungeduldig: »Ich wüsste es gern, Debora!«

»Meine Stimme zum Beispiel ...«, es klang zögernd.

»Was ist mit deiner Stimme? Sie ist klar und deutlich.

Wenn du deine Urteile sprichst oder deine Orakel ver-
kündest oder zum Volk redest, vergisst jeder, dass du eine
Frau bist!«

»Du kennst also die Antwort. Weshalb fragst du mich, ob
ich lieber ein Mann wäre?« Sie machte eine Pause. Als sie
dann weitersprach, klang es, als spräche sie mit sich selbst.

»Ich möchte mich nicht so oft verleugnen müssen. Ich
möchte auch nicht die Amtstracht der Männer tragen
müssen und ihre Bärte. Ich möchte Kinder haben, eine
Geliebte sein und Richterin und Prophetin zugleich. Ich
möchte nicht nur ein wenig lebendig sein. Ich möchte
alles sein dürfen, Jael«, sie sah sie herausfordernd an,
»auch ein Teil Gottes, des Vaters.«

»Ist es nicht zu viel, was du möchtest, Debora?«

»Nein! Es ist nur das, was einem Menschen zusteht,
wenn er *keine* Frau ist.«

Jael sah sie aufmerksam an. »Ich bewundere dich, Debora«, sagte sie.

»Ich wüsste nicht, warum. Weil ich die Dinge beim
Namen nenne?«

»Ja. Und weil du sie siehst.«

»Das ist nicht schwer. Mach die Augen auf, dann siehst
du, was mit uns geschehen ist: Sie haben uns gefangen,
ausgestopft und verkleidet.«

»Das ist nicht wahr!« Es klang erschrocken.

»Es ist wahr«, sagte Debora ungerührt, »auch wenn du
es nicht wahrhaben willst. Es bleibt wahr – solange du es
nicht wahrhaben willst.«

Jael zupfte mit einer ärgerlichen Geste ihr Kleid zurecht. »Ich mag es nicht, wenn du so tust, als wüsstest du,
was wahr ist«, sagte sie.

»Tue ich so?«

»Ja. Und es verdirbt mir die Laune.« Sie beugte sich
über die Quelle und trank ein wenig von dem sprudelnd
klaren Wasser. Plötzlich lachte sie leise vor sich hin.

»Worüber lachst du?«, fragte Debora, froh, dass ihre gute Laune wieder hergestellt schien.

»Ich denke an Barak, den Helden.«

»Barak, der Held ...! Ohne mich wäre er keiner geworden.«

»Ohne deinen Befehl wäre er wahrscheinlich gar nicht auf die Idee gekommen, sein Volk zu verteidigen.«

»Wahrscheinlich nicht. Aber zwanzig Jahre Fremdherrschaft und Unterdrückung waren genug. Da musste ich endlich eingreifen.«

»Weißt du, was mich immer noch wundert?«

»Was?«, fragte Debora zurück, weil Jael nicht weitersprach.

»Dass sie *dich* zur Richterin des Volkes berufen haben.«

»Nicht sie! *Gott* hat mich berufen!«

Jael murmelte: »Das glaubt sie wirklich! Davon wird sie sich auch nicht abbringen lassen!« Und sagte laut: »Selbstverständlich hat *Gott* dich zur Richterin über das Volk berufen. Niemals hat irgendjemand daran gezweifelt!«

»Nur du. Du brauchst mir nichts vorzumachen, ich kenne dich genau, Jael!«

»Bist du dir sicher?«

»Ach nein. Wie könnte ich mir sicher sein? Ich kenne ja nicht einmal mich selbst. – Aber ein wenig kenne ich dich schon, Jael, ein wenig besser als andere Menschen.«

Beide schwiegen und saßen gedankenverloren da.

»Barak, der Held«, murmelte Debora.

»Weißt du eigentlich, was er gesagt hat, als du ihm befahlst, sofort vor dir zu erscheinen?«

»Nein. Warum?«

»Jedenfalls ist er unverzüglich gekommen.«

»Das wollte ich ihm aber auch geraten haben!« Ihre Stimme klang energisch, als sie es sagte.

»Schade!«, bedauerte Jael. »Ich wäre so gern dabei gewesen, als du ihm deinen Auftrag gabst.«

»Nicht *meinen* Auftrag, Jael! Gottes Befehl!«

»Verzeih, Debora, das habe ich auch gemeint!«

»Dann sag es auch!« Es klang nicht sehr freundlich.

Jael murmelte: »Dass sie darin so empfindlich ist!«, und schmeichelte: »Wiederhole ihn noch einmal für mich.«

»Na gut«, lenkte Debora ein. »*›Barak, Heerführer Israels‹*, habe ich zu ihm gesagt, *›der Gott Israels befiehlt: Geh hin, zieh auf den Berg Tabor und nimm zehntausend Naftaliter und Sebuloniter mit dir! Ich aber werde Sisera, den Heerführer Jabins, mit seinem Wagen und seiner Streitmacht zu dir an den Bach Kischon lenken und ihn in deine Hand geben‹.«*

Jael hatte sich aufgerichtet, während Debora redete, und sagte nun feierlich: »Sela. Der Gott Israels hat gesprochen!« In ihrer gewöhnlichen Haltung und Stimme fragte sie dann: »Nimm es mir bitte nicht übel, Debora; aber hat Barak wirklich geglaubt, Gott habe aus deinem Mund gesprochen?«

Debora wollte ärgerlich auffahren, zögerte aber, beherrschte sich und fragte ruhig: »Wie kommst du darauf?«

»Nun, er stellte *dir* daraufhin bekanntlich Bedingungen, Debora, nicht Gott. Er sagte zu dir: ›Wenn du mit mir gehst, Debora, werde ich gehen; wenn du aber nicht mit mir gehst, werde ich nicht gehen‹.«

»Ja, wirklich, das sagte er. Dieser Barak! Er war unmöglich!«

»Zumindest war er ein seltsames Exemplar von Heerführer«, Jael machte sich lustig über ihn: »Ach bitte, liebe Mutter, komm doch mit, lass mich doch nicht allein mit dem bösen Feind!«

Debora sagte nachdenklich: »Vielleicht sehnen sich viele Männer nach der Nähe ihrer Mutter, wenn es ernst wird für sie.«

»Auch wenn *Gott* sie ruft?«, fragte Jael rasch.

»Wenn es zum Sterben geht, sehnt sich jeder Held nach einer Frau.«

»Na höre, Debora!«, fuhr Jael auf. »Ging es denn zum Sterben für Barak? War er ein Heerführer oder nicht? Hatte er deinen Auftrag – entschuldige, den Auftrag *Gottes* – oder nicht, das Volk aus der Hand des Tyrannen zu befreien? War er ein Mann oder ein Feigling?«

»Du hast gut reden, Jael«, wandte Debora ein. »Du bist ja auch eine ...« Sie unterbrach sich mitten im Satz.

»Rede nur weiter, Debora! Sprich es nur aus! Warum sagst du den Satz nicht zu Ende? Sag doch: ›Du bist ja auch eine *Frau*, Jael, und niemand erwartet von dir, dass du mutig, tapfer und stark bist!‹ So mutig und tapfer und stark wie Barak zum Beispiel, der dem furchtbaren Sisera das Handwerk legte.«

»Verzeih mir, Freundin.«

»Schon gut.« Nach einem Augenblick verstimmten Schweigens sagte sie versöhnlich: »Ich *bin* ja auch eine Frau«, indem sie sich kokett über das Haar strich. »Oder etwa nicht?«

»Du bist zweifellos eine Frau, Jael, eine schöne Frau. Und deswegen wird auch von dir erwartet, dass du dich wie eine schöne Frau benimmst.«

Jael wiederholte ironisch: »Man erwartet, dass du dich wie eine schöne Frau benimmst! Rede doch nicht solch einen Unsinn!«

»Es ist die Wahrheit.«

»Die Wahrheit! Das sind die Vorstellungen Baraks oder Siseras! Was gehen mich deren Vorstellungen an?«

»Wollen wir uns den Abend verderben?«, fragte Debora gelassen.

»Du hast recht.« Jael lehnte sich entspannt zurück, steckte ein paar Früchte in den Mund und bat: »Erzähl noch ein wenig von Barak, dem Helden.«

»Ach, du kennst doch die alte Geschichte selbst genau.«

»Trotzdem. Ich bin nun gerade in der Stimmung, mich lustig zu machen. Stimmt es, dass du ihn selber vor dir gewarnt hast, bevor du mit ihm in den Kampf zogst?«

»O ja. Ich habe ihm ausdrücklich erklärt, dass der Ruhm nicht ihm gehören würde, wenn *ich* seine Soldaten anführte. Und dass Sisera dann durch die Hand einer *Frau* fallen würde.«

»Ha! Dieser Barak!«, entrüstete sich Jael. »Erst verließ er sich auf uns Frauen, und dann konnte er sich doch nicht zurückhalten, als wir das Siegeslied sangen! Er musste natürlich mitsingen und sich bewundern lassen, Barak, der Sohn Abinoams, bei der Siegerehrung!«

»Wie stolz er dastand in seiner prächtigen Uniform!«, erinnerte sich Debora. »Welch unvergesslicher Anblick!«

»Ja, am liebsten hätte er wohl vergessen, *wem* er den Sieg über Sisera zu verdanken hatte! Aber das war wohl nicht gut möglich.«

»Nein, das war es wohl nicht; denn ohne meinen Befehl zum Angriff und ohne deine mutige Tat wäre es nicht zum vierzigjährigen Frieden gekommen im Land.«

»Vierzig Jahre lang Frieden ... Eine gute, lange Zeit, Debora.«

»Eine kurze Zeit, wenn man bedenkt, wie viele Jahre davor und wie viele Jahre danach es Kriege gab.«

»Ach«, seufzte Jael. »Warum müssen sie immer wieder anfangen, Blut zu vergießen? Liegt das wirklich in ihrer Natur, Debora, dass sie es tun müssen, weil sie selbst nicht bluten – wie wir? Verwandeln sie sich deswegen periodisch in Stiere und wilde Eber, sobald sie ein Schwert in die Hand bekommen? Ist ihnen die Unvernunft angeboren?«

»O Jael«, lachte Debora, »lass das deinen Mann nicht hören!«

»Heber? Der hält ohnehin alle Frauen für so verehrungswürdig, dass er sogar heimlich zur Astarte betet.«

Debora legte den Finger auf die Lippen: »Dass dich niemand hört!«

»Wer sollte mich hören? Und wenn auch – die Zeit ist vorbei, Debora, in der du die Verantwortung trugst für die Einhaltung der Gesetze in Israel.«

»Es hat sich eigentlich alles nicht gelohnt.«

»Willst du damit sagen, es war alles umsonst?«

»Bis auf die Tatsache, dass wir beide, Debora und Jael, zwei Frauen, bis ans Ende der Tage als Beispiele für unweibliches Verhalten herangezogen werden, fürchte ich, ja.«

Jael ging sofort darauf ein: »Ich höre die Damen schon sagen: ›Nein, was die damals gemacht haben! Unglaublich! Und dann erst diese Jael! So etwas tut man einfach nicht!‹«

»Als Frau.«

»Als Frau tut man so etwas nicht!«

»Eine Frau bringt Leben zur Welt, aber sie tötet nicht. Töten ist Männersache!«

»Wie scheinheilig!«, empörte sich Jael. »Sie tun, als wären sie nicht zu jeder Gemeinheit fähig!«

»Ich habe während meiner Amtszeit Männer und Frauen verurteilen müssen«, bestätigte Debora.

»Selbstverständlich! Denn wir Frauen sind Menschen! Wir sind gut und böse, hässlich und schön, klug und dumm – genau wie die Männer. Für viele scheint das aber plötzlich so etwas wie eine *neue* Wahrheit zu sein, für die nur noch nicht der letzte Beweis erbracht werden konnte. Wenn sie einmal unsere Geschichte kennen lernen, werden sie wahrscheinlich ganz erstaunt tun und fragen: ›Was, eine Frau war die Stimme Gottes in Israel? Eine Frau sprach Recht? Eine Frau gewann den Krieg? Eine Frau befreite das Volk vom Tyrannen?‹ Und vielleicht behaupten sie sogar, es wäre eine schreckliche Zeit gewesen, in der so etwas möglich war.«

Debora sah sie nachdenklich an. »Deine Tat zu verstehen, Jael, ist sicher noch schwerer, als meine Funktion im höchsten Amt anzuerkennen; denn als Richterin sprach und handelte ich ja nicht anders als meine männlichen Kollegen. Als Richterin bin ich mit einem Mann austauschbar. – Aber du hast unverwechselbar weiblich gehandelt.«

»Ach, sieh an!«, fuhr Jael auf. »Und was war mit deinem Amtsvorgänger, dem Richter Ehud? War der auch eine Frau, nur weil er eine List anwandte, als er den König Eglon umbrachte? Hast du etwa vergessen, wie er dem Eglon vorlog: ›Ich habe eine geheime Botschaft Gottes an dich, König‹, und wie sich der König daraufhin vertrauensvoll mit ihm in der Toilette einschloss, dem einzigen Ort, an dem sie sich allein und ungestört aufhalten konnten, und wie Ehud ihm dort seinen Dolch in den fetten Bauch stieß? – Einen schmachvolleren Tod für einen König kann man sich doch wohl nicht vorstellen, als auf der Latrine zu sterben! Durch die Hand eines *Mannes, der Richter* in Israel war« (RICHTER 3,12-21).

»Du hast ja recht« beruhigte Debora sie, »und du brauchst dich ja auch weder zu rechtfertigen noch zu entschuldigen für das, was du getan hast, denn *niemand* wird wagen, dich anzuklagen, nachdem nun alles zu so einem guten Ende gekommen ist.«

»Nein, niemand. – Nur ich.«

Sie hingen ihren Gedanken nach und schwiegen. Nach einer Weile sagte Jael leise: »Bis an mein Lebensende werde ich mich daran erinnern, wie der verfolgte Sisera auf der Flucht in mein Zelt stürzte. – Wie ich seinen Durst mit Milch stillte. – Wie ein Kind musste ich ihn beruhigen, bis er eingeschlafen war, der erschöpfte Held. – Er hat nichts davon gemerkt, als ich ihm den Zeltpflock in die Schläfe schlug. – Ich habe ihn im Schlaf getötet«, sagte sie, und kaum hörbar: »Ich habe einen Mord begangen.«

Debora erwiderte: »Einmal also hat der Sieger, der Mann, sich nicht der Frau bemächtigt, wie es üblich ist nach einer gewonnenen Schlacht. Einmal ist eine Frau nicht geschändet, vergewaltigt, durchbohrt worden von einem Mann. Einmal in der langen Geschichte hast du, Jael, den Mann gedemütigt und getötet.«

Jael blieb stumm.

»Wenn dich dein Gewissen plagt, Jael, wie sehr müssen dann die Männer leiden, all die unzählbaren Herren, die Könige, die Heerführer, die Soldaten, zu deren Leben und Dienst es gehört, unschuldiges Blut zu vergießen!«

Jael saß immer noch stumm da.

»Höre, Jael!« Debora berührte ihren Arm. »Kraft meines Amtes spreche ich, Debora, Richterin in Israel, dich frei und los!«

Jael blickte sie freundlich an. »Ich danke dir, Debora«, sagte sie. »Nimm es mir bitte nicht übel; aber lossprechen kann mich nur Gott allein, denn ich bin Gottes Geschöpf, sein Ebenbild.«

»So eng fühlst du dich mit Gott verbunden, dass du glaubst, Gott leide, wenn du leidest? Glaubst du das?«

»Als Gottes Abbild bin ich keinem Menschen untertan. Auch dir nicht, Debora.«

»So müsste Gott sich selbst verzeihen, indem du dir verzeihst? Meinst du das?«

»Ich glaube, ja«, war Jaels nachdenkliche Antwort.

Debora, die Prophetin, sagte: »So sprach der weise Bileam zu Petor am Strom, als die Moabiter verlangten, dass er das Volk verfluche, so sprach Bileam: › *Wie soll ich verfluchen, wenn Gott nicht verflucht; wie soll ich drohen, wenn Jahwe nicht droht* (4. MOSE 22 UND 23)?‹«

»So sprach Bileam, nachdem ihm sein Esel zu dieser weisen Erkenntnis verholfen hatte«, sagte Jael trocken.

Aber Debora überhörte es. »Wie soll ich nicht verzeihen, wem Gott verziehen hat?«, fragte sie.

Sie schwiegen beide, bis Jael plötzlich in den Nachthimmel zeigte: »Da! Eine Sternschnuppe!«, sagte sie.

»Hast du dir etwas gewünscht?«

»Nein«, sagte Jael.

Danach war es wieder still.

Debora fragte: »Was meinst du, werden sie von uns erzählen, Jael? Werden sie die Wahrheit sagen?«

Jael antwortete gelangweilt: »Ich weiß es nicht. Es wird
darauf ankommen, was sie unter *Wahrheit* verstehen. – Jedenfalls wirst du besser wegkommen als ich, Debora.«

Sie saßen da und sahen in die Nacht. Ich folgte ihren
Blicken und erkannte plötzlich den Engel. Vor dem
nachtschwarzen Himmel hob sich seine helle Gestalt
deutlich hab. Er gab mir ein Zeichen, und ich zog mich
leise in das Innere des Hauses zurück.

Ich spürte keine Müdigkeit, nur eine heitere Gelassenheit, die mich leicht, schwebendleicht machte – tanzleicht. Und doch muss ich gleich darauf eingeschlafen
sein, nachdem ich mich auf meiner Matte ausgestreckt
hatte; denn plötzlich erschreckte mich eine laute Stimme,
die sagte: »*Ich will dir Richter geben wie am Anfang*«
(JESAJA 1,26).

Aber als ich erschrocken auffuhr, war es nur das laute
Schreien des Esels, der vor dem Eingang der Ruine die
Nacht verbracht hatte. Bileams unsterblicher Esel erweckt
sogar Tote zum Leben mit seinem markerschütternden
Geschrei, dachte ich.

Ich stand auf und schnürte mein Bündel, weil an
Schlaf nun doch nicht mehr zu denken war, und erfrischte mich an der Quelle im Innenhof. Ein paar von
den roten Früchten, die auf dem Stein lagen, steckte ich
als Wegzehrung ein. Dann verließ ich meine nächtliche
Herberge.

Als ich mich nach einer Weile umsah, war mir, als sähe
ich den Engel unter der Terebinte stehen und mir nach-

schauen. Aber das konnte nicht sein, denn er ging ja vor mir her. Also folgte ich ihm – ein wenig verwirrt, ein wenig erwartungsvoll, wohin er mich führen würde.

RICHTER 4,2-24; 5,1-31; 4. MOSE 22 UND 23

Die Weise von En Dor

Wie lange wir unterwegs waren, weiß ich nicht. Wohin wir gegangen sind? Bis ans Ende der Welt. So kam es mir jedenfalls vor, als der Weg vor einer Felswand endete. Die alte Frau entdeckte ich erst, als ich unmittelbar vor ihr stand.

Insekten, dachte ich, verstehen es, sich so vollkommen ihrer Umgebung anzupassen, dass sie unsichtbar werden. Oder andere Tiere, für die Mimikry Überleben bedeutet; aber bei Menschen hatte ich es so noch nicht erlebt. Diese Frau sah aus wie ein Stein, der aus der Felswand herausgefallen war. Zu Tausenden lagen sie hier herum.

Wie lange mochte sie hier schon gesessen und in die Ferne gesehen haben? Wartete sie? Worauf?

Natürlich hatte sie mich längst kommen sehen. War ich ihr willkommen? Störte ich sie in ihrer Einsamkeit? Ich stand unschlüssig da und starrte sie an. Zu irgendetwas würde ich mich entschließen müssen: Entweder drehte ich mich um und ging den Weg zurück, den ich gekommen war, oder ich sprach sie an und setzte mich eine Weile zu ihr.

Aber ich tat weder das eine noch das andere, sondern blieb weiter vor ihr stehen und sah sie an. Wie alt mochte sie sein? Ihr Haar war steingrau. Ihre Hände und ihr Gesicht hatten die Farbe ungebrannter Tonerde. Ihr grobgewirktes Tuch schien so alt zu sein wie sie selbst. Es war an vielen Stellen ausgebessert.

Dann entdeckte ich den Feuersalamander. Er lag unbeweglich neben ihr in der Sonne. Es sah aus, als wäre er mit dem Stein verwachsen.

Wenn sie doch etwas sagen würde, ging es mir durch den Kopf, damit ich antworten könnte. Aber sie sagte nichts. Mir war klar, dass sie dieses Schweigen länger aushalten würde als ich. Aber was sollte ich zu ihr sagen? Wer ist das? war die einzige Frage, die ich unentwegt dachte, bis ich sie schließlich aussprach.

»Wer bist du?«, fragte ich sie.

Sie sah mich aufmerksam an, ein wenig prüfend, wie mir schien, und sagte laut und unmissverständlich: »Ich bin eine Hexe.«

Wenn sie es gewohnt war, dass ihre Antwort Fremde erschreckte, dann musste sie sich jetzt wundern, dass ich mich zu ihr auf den Stein setzte und fragte: »Kommt eine Hexe in der Bibel vor?«

Aber sie ließ sich nichts anmerken, sondern antwortete: »In der Bibel, dem alten Buch, in dem alles geschrieben steht.«

Mir fiel nur eine Frau ein, die eine Hexe genannt worden war: die weise Frau von En Dor, zu der der todgeweihte König Saul in seiner Not gegangen war. Derselbe König Saul, der die Hexen aus seinem Land vertrieben hatte, weil sein Gott ein eifersüchtiger Herr war, der keine anderen Götter neben sich duldete. Auch keine Hexen. Der unglückliche König Saul, der alles getan hatte, um Gott zu gefallen. Aber nicht genug. Der schöne, starke, mächtige, einsame König des Volkes Israel, der am Ende seines Lebens die Hilfe einer Frau brauchte. Der Mann, dem in der weisen Hexe von En Dor eine Frau begegnete, die sich mütterlich um ihn bemühte, die in ihm nicht nur den mächtigen, starken König sah, sondern auch das Menschenkind, das machtlos und schwach war.

Auf der Höhe seines Ruhms hatte er sie mundtot machen wollen. Damals brannten die Scheiterhaufen überall
in seinem Reich. Als er seine Macht verloren hatte, kam
er zu ihr um Hilfe. Und sie verweigerte sie ihm nicht.
Ihre Furcht, die sie vor ihm gehabt hatte, verwandelte
sich in Mitleid, als sie seine Verzweiflung sah.

Wird es den vielen Herren ebenso ergehen, dachte ich,
die uns Frauen zum Schweigen verdammt haben? Werden
sie am Ende froh sein, dass wir das Reden nicht verlernt
haben – trotz der Verbote, Gesetze und Strafen, mit denen sie es uns auszutreiben gedachten –, wenn sie unsere
Worte einmal brauchen werden am Tage des Gerichts?
Wenn Gott kommen wird, zu richten die Lebenden und
die Toten, werden sie dann vor Entsetzen wie tot umfal-
len wie der große König Saul, wenn sie zur Verantwortung gezogen werden für ihren Anspruch, Gott gleich zu
sein? Was werden sie dann tun, die Herren dieser Welt,
die uns im Namen Gottes richteten und uns in seinem
Namen töteten? Niemand kennt die Zahl der Elenden,
die verbrannt wurden, seitdem Saul seinen Befehl gab,
seitdem die Inquisition Jagd auf sie machte.

»Wer sind die Hexen?«, fragte ich die Alte neben mir.

»Frauen«, antwortete sie, »Frauen sind die Hexen.«

Es waren vor allem die Frauen, die nicht an die männliche Allmacht glaubten, die mehr wussten, als die Männer je an Wissen in ihre Köpfe bekamen, die im Land der
Lebenden und der Toten aus- und eingingen. Es waren
die Frauen, die nicht den geltenden Normen entsprachen,
die sich der Gewalt der Männer zu entziehen wussten;
die waren es, die der Gewalt zum Opfer fielen. Sie waren
die Hexen.

Ja, dachte ich, diese Alte hier wäre eine Hexe in ihren
Augen, wie sie so dasitzt in ihrer Unerschrockenheit. An
ihr war nichts, was Männer lieben, nichts von Ergeben-
heit, Gehorsam und Sanftmut. Sie war weder hübsch

noch weich oder anschmiegsam. Sie war nicht der Phantasie eines Männerhirns entsprungen, sie war nicht im Kopf eines Mächtigen geboren. Sie gehörte nicht in den Himmel, sie gehörte zur Erde. Wie sie so dasaß, war sie für mich das Vollkommenste, dem ich bisher begegnet war: ein lebendiger, warmer Stein.

Der König hatte sie aufgesucht. Sie war nicht zu ihm gerufen worden. Er hatte sogar lange gebraucht, bis er den Weg zu ihr gefunden hatte. Einen Tag und eine Nacht war er ununterbrochen zu ihr unterwegs gewesen. Er hatte weder gegessen noch getrunken, er hatte sein Gesicht verloren auf diesem weiten Weg. Er hatte sich verkleidet. Unerkannt erreichte er ihre Höhle. Weil Gott nicht mehr mit ihm redete, ging er zu einer Frau und bat sie um Hilfe. Und sie ließ sich erweichen und rief Samuel, den alten Weisen, aus dem Totenreich herauf, damit er mit ihm rede. Und der Alte redete und sagte zu ihm: »Jahwe ist dein Feind geworden, König Saul, und morgen werden du und deine Söhne bei mir sein.«

War es so den Frauen ergangen, die nach der grausamen Folter auf den Scheiterhaufen sterben mussten? War das das Gesicht gewesen, das sie sahen, bevor sie erstickten, verbrannten, verdarben? Hatten die Frauen, die Hexen genannt wurden, auch solche Gesichte gehabt? Waren ihnen alte, zornige Männer erschienen? Oder waren es freundliche Bilder, die sie die Qualen ertragen ließen, die ihnen zugefügt wurden?

Meine Gedanken gingen hin und her. Die Zeit schien stehen zu bleiben in der Nähe dieser Alten. Die Schatten wanderten nur langsam von einem Stein zum anderen. Als sie den großen Felsblock erreichten, auf dem wir saßen, wurde der Feuersalamander lebendig. Ich beobachtete, wie er langsam einen Fuß vor den anderen setzte, den Platz neben ihr verließ und gleich darauf zwischen den Steinen verschwand. Sogleich erhob sich auch die Alte, als habe er ihr das Zeichen zum Aufbruch gegeben, wickelte sich in ihr weites Tuch und verschwand in der Felswand.

Was mir den Mut gab, ihr zu folgen, kann ich nicht sagen. Aber als der Rauch ihres Herdfeuers aus der Höhle drang, ging ich hinein und setzte mich zu ihr ans Feuer. Sie hatte sich eine Pfeife angezündet und warf hin und wieder dürre Zweige in die Flammen, die einen starken, süßlichen Duft verbreiteten. Es war gemütlich in ihrer Höhle. Sie saß pfeiferauchend da und schwieg.

Damals, als der König aus seiner Ohnmacht erwachte, hatte die Totenbeschwörerin von En Dor seine Lebensgeister wieder erweckt. Er wollte nicht mehr leben. Aber gegen ihre entschiedenen Anweisungen und ihren starken Willen war er machtlos gewesen. Sie schlachtete das Mastkalb, kochte in aller Eile eine kräftige Suppe, rührte Mehl an, backte ein frisches Brot und bewirtete diesen Mann, der ihr nach dem Leben getrachtet und sie gezwungen hatte, in die Einsamkeit zu fliehen.

Ich sah sie unentwegt an. Sie ist eine Urfrau, dachte ich, diese Alte. Sie trägt die Schlüssel zum Totenreich in der Tasche, sie ist die Mächtige, die überlebt.

Der stark duftende Rauch des Herdfeuers, der sich mit dem herben Rauch aus ihrer Pfeife mischte, diese rauchschwangere Luft, die ich einatmete, vernebelte mir allmählich die Sinne. Mir war, als hörte ich Stimmen in der Höhle, Frauenstimmen, als wären Gäste gekommen und ich hätte es nicht bemerkt. Ich sah sie neben der Alten sitzen. Aber waren es wirklich zwei? Oder erschien mir die eine doppelt? Und wer von ihnen war ich? Sie feiern einen Gottesdienst, ging es mir durch meinen verwirrten Sinn. Ihr Rauchopfer erfüllt die Erde. Ihre Gebete erwärmen die Steine.

Plötzlich sah ich im hellauflodernden Feuerschein die vielen Zeichen und Symbole an den Wänden der Höhle; Bilder, von denen ich wusste, dass sie einmal zu ihren

Gottesdiensten gehört hatten, viele Linien, Kreise und Dreiecke. Und ich verstand sie. Ich verstand ihre Sprache, die sich aus Zeichen, Gesten und Worten zusammensetzte. Und ich hörte sie Hannas Lobgesang anstimmen:

Mein Herz ist fröhlich,
denn du, Gott, gibst mir große Kraft.
Weit öffnet sich mein Mund gegen meine Feinde,
denn ich freue mich über deine Hilfe.

Nichts ist so heilig wie du, denn nichts ist außer dir
und niemand ein Fels wie du, Gott.
Redet nicht immer so hoch daher;
denn Gott weiß alles,
Gott zählt die Taten.

Die Bogen der Helden sind zerbrochen,
doch Strauchelnde gürten sich mit Kraft.
Gott, du machst tot und lebendig,
führst zum Totenreich nieder und wieder herauf.

Du machst arm und machst reich,
erniedrigst und hebst auch wieder.
Die Unterdrückten hebst du aus dem Staub
und aus dem Schmutz die Armen.

Mein Herz ist fröhlich,
denn du, Gott, gibst mir große Kraft.
Weit öffnet sich mein Mund gegen meine Feinde,
denn ich freue mich über deine große Hilfe.

1. SAMUEL 2

Ich schrie entsetzt auf; denn ich sah, wie die Alte den Salamander packte und ins Feuer warf. Ich sah, wie er sich krümmte, bevor er verbrannte und schwarz und bewegungslos in der Glut liegen blieb. Ihr Blick traf mich, der mich plötzlich bannte und erstarren ließ. Ich hatte Angst vor ihr, wie sie da vor dem Feuer hockte, in dem das Opfertier verbrannte. Mir war unheimlich in ihrer Höhle, ich sehnte mich hinaus, weg von ihr, nur weg an die frische Luft! Mir war, als müsste ich ersticken in diesem engen, schaurigen Loch, an diesem üblen Geruch, der mir den Atem nahm.

Weil sie meine Gegenwart schon wieder vergessen zu haben schien – sie saß still und in sich versunken da, die Hexe, und qualmte vor sich hin –, versuchte ich mich so vorsichtig wie möglich zu erheben und heimlich zu entkommen.

Aber sie hatte es doch gemerkt und sagte: »Iss etwas, bevor du gehst.«

Um nichts in der Welt hätte ich etwas zu essen von ihr annehmen können! Mir wurde übel, wenn ich daran dachte, auch nur einen einzigen Bissen in ihrer Gegenwart zu mir nehmen zu müssen.

Sie schien aber meine Aufregung gar nicht zu bemerken. Sie reichte mir ein Stück Brot und sagte freundlich: »Gott segne es dir.«

Da nahm ich es an und aß wie ein gehorsames Kind. Verstohlen sah ich mich um. Wir waren allein in der Höhle. Die Wände waren unbemalt. Das Feuer verbreitete angenehme Wärme.

Als ich mich dann anschickte, ihre Höhle zu verlassen, nachdem ich das Brot gegessen hatte, hob die alte Frau segnend ihre Hände und sagte:

»*Gott segne dich mit dem Segen des Himmels von oben, mit dem Segen tieflagernder Urflut, mit dem Segen von Brüsten und Schoß*» (1. Mose 49,25).

Wir verneigten uns voreinander, und ich ging. Draußen vor der Höhle sog ich die frische, würzige Luft tief und befreit in meine Lungen.

Auf dem Stein saß der Engel. Er setzte behutsam den Feuersalamander ab, den er in der Hand gehalten hatte, stand auf und geleitete mich den Weg zurück, den ich gekommen war.

1. Samuel 28,3-25

Rizpa

Als wir den Fuß des Berges erreicht hatten, blieb ich stehen. Aber der Engel ging weiter. Als ich sah, wie er mir von weitem zuwinkte, machte ich mich an den Aufstieg.

Oben angekommen, schaute ich mich nach allen Seiten um, aber ich konnte weder Tiere noch Menschen entdecken, die Gegend wirkte wie ausgestorben. Trotz der Sonne, die erbarmungslos auf die kahlen Felsen brannte, liefen mir Schauer über den Rücken. Unheimlich war mir. Ich erinnerte mich deutlich an ein ähnliches Gefühl, das mich einmal überfallen hatte, als ich auf einem ähnlichen Berg stand, weit weg von hier. Den nannte man Hexenberg. Wenn dort oben Hexen verbrannt wurden, leuchteten die Feuer nachts weit hinunter ins Tal.

Und ein anderer Berg fiel mir ein, der wurde *Golgata* genannt. Dort kreuzigten sie einen Unschuldigen und mit ihm zwei Missetäter, als könnten sie dadurch das Unrecht schmälern, das dem einen zugefügt wurde.

Ich dachte an die Kreuze, an denen lebendige Menschen qualvoll starben, an das knisternde Holz der Scheiterhaufen, an die Flammen, in denen sie jämmerlich umkamen, an die Opfer von Glaubens- und Eroberungskriegen und an unzählige Grabkreuze, die für gefallene Soldaten errichtet wurden.

Einmal war ich in der Mittagshitze über einen Heldenfriedhof gegangen und hatte den tausendfältigen Duft der

Rosen eingeatmet, die dem Gräberfeld den Anschein eines Gartens gaben. Vergeblich hatte ich dort die Namen von Frauen gesucht. Es gab nicht einen einzigen.

Seltsam, dass mir diese Bilder plötzlich in den Sinn kamen, als ich dort auf dem Berg stand und ins Land hinuntersah. Ich fragte mich, warum mich der Engel ausgerechnet an diesen Ort geführt hatte, der so eigenartige Erinnerungen in mir wachrief.

Ich legte mein Bündel ab und setzte mich auf einen großen runden Felsen. Er fühlte sich weich an, wie eine warme Haut. Als ich sacht über ihn hinstrich, entdeckte ich feine Linien, die narbengleich in seine Oberfläche eingegraben waren. Mit ein wenig Fantasie könnten es Buchstaben sein, dachte ich, ein Name, wenn ich sie zusammenfüge, Rizpa könnte es heißen. So fand ich ihre Spur in dem Stein.

Sie also war es, zu der mich der Engel gebracht hatte, Rizpa, die Tochter Ajas aus dem Stamme Benjamin, die Mutter der Erschlagenen. Warum sollte ich daran zweifeln, dass sich das Drama, das sie berühmt machte, einst hier auf diesem Berg abspielte?

Wahrscheinlich war sie noch sehr jung gewesen, als ihr Stammesbruder Saul, der alle Männer um Haupteslänge überragte, der schöne, starke Sohn des alten Kisch, sie zur Frau nahm. Zwei Söhne hatte sie ihm geboren, Armodi und Meribbaal. So viel Glück gab es nicht für jede. Es lebte sich gut in der Palastanlage, dem Gibea Sauls, wie sie genannt wurde, auch wenn sie nur die Nebenfrau des Königs war und sich Ahinoam, der Hauptfrau und Königin, unterordnen musste. Aber dafür hatte sie andere Vorteile. Nebenfrauen waren häufig Lieblingsfrauen, warum sollte das bei ihr anders gewesen sein?

Gern hätte ich mehr gewusst von Rizpa, der Geliebten des Königs. Aber ich blieb auf das wenige angewiesen, das von ihr überliefert ist, und auf meine eigene Fantasie. Ich stellte mir also vor, dass sie Saul in Liebe zugetan war, der auf der Höhe seiner Macht unwiderstehlich und eine imposante Erscheinung gewesen sein muss. Und dass sie ihn tröstete, als Gott von ihm wich. Mit allen Mitteln, die ihr zur Verfügung standen, mit ihrer Liebe, mit ihrer Fröhlichkeit, wollte sie seine Schwermut vertreiben, als er allmählich verzweifelte. Sie saß neben ihm und lauschte den Klängen, die der junge David den Saiten entlockte, sie tanzte für ihn und lenkte ihn ab von seinen Sorgen, wenn er nicht mehr ein noch aus wusste und sich ohnmächtig fühlte trotz seiner Macht.

Vielleicht war sie es, die ihm riet, die weise Frau von En Dor aufzusuchen? Vielleicht wollte sie, dass er sich seiner Sache gewiss wurde und endlich aufhörte, an all dem Rätselhaften herumzugrübeln, das ihm so zusetzte, und dessen er sich nicht erwehren konnte.

Aber ihre Liebe konnte ihn nicht halten. Verzweifelt, von allen guten Geistern verlassen, gab er sich schließlich selbst verloren und starb an seiner Ausweglosigkeit. Vielleicht war sie erleichtert. Vielleicht trauerte sie um ihn. Wer kann das wissen?

Nach dem Tod des Königs wurde sie die Geliebte von Abner, dem Heerführer. Sehr zum Ärger der Hauptfrau Ahinoam und ihrer Söhne, denn nachdem der König gestorben war, begann eine brisante, für alle Familienmitglieder gefährliche Zeit im Gibea Sauls. Solange die Nachfolge noch nicht geregelt war, solange die Machtverhältnisse ungeklärt waren, war es nicht klug, mutwillig in das Gefüge einzugreifen. Wie kam Abner dazu, sich derart in Szene zu setzen? Wie konnte er es wagen, Rizpa für sich zu beanspruchen?

»Warum hast du dir die Nebenfrau meines Vaters genommen?«, fragte Ischbaal.

Darüber geriet Abner in Wut. »Wer bin ich denn?«, empörte er sich. »Bin ich denn ein Hundsfott in Juda?

Wie kannst du es wagen, mir Vorhaltungen zu machen! Habe ich nicht alles für eure ehrenwerte Familie getan und tue es immer noch? Habe ich dir nicht persönlich zur Macht verholfen? Was fällt dir ein, dich zum Richter über mich aufzuspielen!«

In seiner Wut über die Zurechtweisung fasste Abner den folgenschweren Entschluss, Sauls Sippschaft den Rücken zu kehren und sich ab sofort nur noch für David einzusetzen und ihm zur Königswürde zu verhelfen.

»Ich werde dir helfen, ganz Israel auf deine Seite zu bringen«, versprach er ihm. Und er hielt sein Versprechen. Er sorgte dafür, dass das Militär zu David überlief. Doch leider konnte er seinen Sieg nicht lange genießen, denn schon bald wurde er selbst zum Opfer im tödlichen Spiel um die Macht.

Ich versuchte, mir Rizpa vorzustellen. Wie hat sie diese Zeit des Hoffens und Bangens erlebt?

Aber ich konnte sie mir nicht ausmalen, weder als junge Frau des Königs, noch als die zweifach glückliche Mutter, noch als die trauernde Witwe oder als die Geliebte des Heerführers. Sie schien sich meiner Phantasie zu entziehen. Und doch fühlte ich, dass sie in der Nähe war. Ich spürte förmlich die Kraft dieser Frau, die ja nur scheinbar ein willenloses Opfer der Mächtigen gewesen ist.

Zwar überdecken die Namen der großen Männer ihren Namen, so dass er allmählich in Vergessenheit geriet; aber auslöschen konnten sie ihn nicht. Rizpa, die scheinbar unbedeutende Nebenfrau, erwies sich zu einem bestimmten Zeitpunkt als die Mächtigste von allen, denn ihr gelang, was niemand sonst gelungen ist: sie rührte den Himmel zu Tränen.

Nachdem David die Königswürde errungen hatte, kam es darauf an, seine Stellung zu sichern. Er durfte kein Risiko eingehen, um seinen Erfolg nicht zu gefährden. Ab-

ner, der Heerführer, und alle männlichen Erben seines
Vorgängers wurden ermordet. Es war zu Beginn der Gerstenernte, als die sieben Söhne Sauls auf einen Schlag beseitigt wurden. Unter diesen sieben waren auch Armoni
und Meribbaal, die beiden Söhne der Rizpa.

In ihrer Trauer hätte sie sich nun zurückziehen können
in ihre Gemächer, um dort in abgedunkelten Räumen die
Totenklage anzustimmen und ihre ermordeten Kinder zu
beweinen. Aber sie tat es nicht. Sie zog sich nicht zurück,
um sich ihrem Schmerz hinzugeben. Rizpa wählte einen
anderen Weg. Sie veröffentlichte ihr Leid. Sie ging auf
den Galgenberg hinauf, legte Sackleinen auf die Steine,
setzte sich darauf und bewachte Sauls sieben tote Söhne.
Sie ließ es nicht zu, dass sich die wilden Tiere an sie her-
anmachten oder die Vögel, die beutegierig über der Hinrichtungsstätte kreisten. Tag für Tag, Nacht für Nacht,
Woche für Woche, Monat für Monat dauerte ihre Toten-
wache, vom Beginn der Gerstenernte bis zur Regenzeit,
bis endlich warmer, fruchtbarer Regen das trockene Land
bewässerte, und aus der Erde neues Leben hervorbrach,
bis der Himmel weinte. Er hatte ein Einsehen. Nicht die
Menschen.

Erst als nach der langen Dürreperiode – drei Jahre lang
hatte es nicht geregnet – die ersten Tropfen vom Himmel
fielen, kehrte sie zurück in ihr Haus.

Rizpa war die erste Mutter, die protestierte. Sie nahm das
Leid, das den Söhnen angetan wurde, nicht ergeben und wi-
derspruchslos hin, sie wehrte sich. Auf ihre Art, auf eine
unverwechselbar eindringliche Art. So verhalten sich
Frauen in der Regel nicht. Sie verbergen ihre Wut und ver-
stecken ihre Trauer, ihre Empörung, ihren Schmerz. Sie zeigen sie nicht öffentlich. Aber Rizpa hat es getan und wurde
dadurch ein Vorbild für alle Mütter, deren Kindern Unrecht geschieht. Als David zu Ohren kam, was Rizpa, die
Mutter der Erschlagenen, vollbracht hatte, ließ auch er sich

erweichen. Erwachte sein Gewissen oder fürchtete er sich vor der öffentlichen Meinung? Jedenfalls sorgte er nun plötzlich dafür, dass sein Vorgänger Saul, der tote König, und dessen Sohn Jonatan endlich ehrenvoll bestattet wurden im Erbbegräbnis der Familie. Auch die Gebeine der sieben toten Söhne ließ er vom Berg hinunter ins Tal bringen und begrub sie ebenfalls in Zela im Lande Benjamin, im Familiengrab, an der Seite des Vaters.

Niemand weiß, was aus Rizpa, der Nebenfrau des Königs, der Geliebten des Heerführers, der Mutter der Opfer, geworden ist. Wurde sie ehrenvoll in den königlichen Palast zurückgeleitet? Dichtete man ihr zu Ehren Lieder und wurden Dramen für sie aufgeführt?

Kein einziges Wort ist von ihr überliefert. Keine Spur hat sie hinterlassen. Wir wissen nur, dass ihre Tränen ein Herz aus Stein erweichten, als endlich der Regen fiel.

Ich legte meine Hand auf den glatten, warmen Stein und spürte seine Haut. Sie ist in dem Stein, der hier auf dem Berg in der Sonne liegt, dachte ich. Als der Regen kam, hat er ihren Namen hineingewaschen: Rizpa – Mutter der gefallenen Söhne – zum Gedächtnis.

2. SAMUEL 3,6-12; 21,1-14

Die Ahnfrauen Jesu

V or dem Eingang eines verfallenen Grundstücks blieb der Engel stehen. Die grob zusammengefügte Mauer war teilweise von weißblütigen, starkduftenden Rankengewächsen überwuchert. Ich hatte den betäubenden Geruch schon länger bemerkt und mich geradezu von ihm anlocken lassen. Der Engel hatte sich auf einen der Steinblöcke gesetzt, die aus der Mauer herausgebrochen waren, und forderte mich auf, neben ihm Platz zu nehmen.

Er reichte mir ein beschriebenes Blatt Papier. Es war das erste Blatt aus dem Neuen Testament. Ich nahm es ihm ab und las:

Dies ist das Buch von der Geburt Jesu Christi, der da ist ein Sohn Davids, des Sohnes Abrahams. Abraham zeugte Isaak. Isaak zeugte Jakob. Jakob zeugte Juda und seine Brüder. Juda zeugte... (MATTHÄUS 1,1ff.)

Unter den vielen Vätern, die dort als Erzeuger von Söhnen aufgeführt waren, entdeckte ich auch einige Mütter. Ihre Namen funkelten mir entgegen wie Edelsteine, die in einer langen, schweren Kette aufgereiht waren. Unmöglich, sie zu übersehen. Ich gab dem Engel das Blatt zurück.

»Nun?«, fragte er, als erwarte er eine Antwort. Ich sah ihn verständnislos an. »Willst du sie sehen?«, fragte er.

Da wusste ich, dass er mich hierher gebracht hatte, um mich mit den Ahnfrauen Jesu zusammenzuführen. Ich ging durch den Torbogen in einen gartenähnlichen Hof des weitläufigen Grundstücks.

Die Frauen schienen mich schon erwartet zu haben. Sie saßen unter einer Tamariske, deren feines, dichtes Laub tiefe Schatten bildete. Einladend rückten sie zusammen und machten mir Platz.

Sobald ich mich zu ihnen gesetzt hatte, fragten sie, ob es seine Richtigkeit damit habe, dass sie als die Ahnfrauen des Gottessohnes in die Geschichte eingegangen seien.

»Ja«, sagte ich. »Zum Erstaunen der Gläubigen.«

Sie wollten wissen, was die Ursache für das Erstaunen der Gläubigen sei.

Ich zögerte. Womöglich waren sie verärgert, wenn ich ihnen die Gründe nannte? Aber dann fasste ich mir doch ein Herz und sagte: »Ihr seid unheilig, Sünderinnen, unbekannter Herkunft, niemand von euch hat einen ordentlichen Stammbaum. Außerdem seid ihr allesamt Heidinnen und gehört zu den Feinden des Gottesvolkes.«

Sie sahen mich überrascht und, wie mir schien, ein wenig hochmütig an.

Mein Eindruck war richtig, denn Batseba, die Königinmutter, zuckte die Schultern und sagte: »Ich verachte, die mich verachten.«

Und eine andere, Rahab von Jericho, meinte: »Sie hätten uns selbst reden lassen sollen, dann würden nicht die frommen Männer, sondern wir, die ungläubigen

Frauen, die anerkannten Zeuginnen unserer Geschichte sein.«

»Erzählt mir selbst eure Lebensgeschichten!«, bat ich, »damit ich weiß, was sich wirklich zugetragen hat.«

»Nach so langer Zeit lassen sich die Flecken nicht mehr aus den Kleidern waschen«, gab Tamar zu bedenken.

Aber dann entschlossen sie sich doch, meiner Bitte zu entsprechen. Sie kamen überein, sich gegenseitig nicht zu unterbrechen, damit jede in Ruhe ihre eigene Geschichte erzählen konnte.

Seitdem ich ihnen zugehört habe, ist es mir unmöglich, den Kirchenvätern und Lehrern zu glauben, die nicht müde werden zu behaupten, die Geschichte des Volkes Gottes sei die Geschichte großer Männer, in der Frauen höchstens als schmückendes Beiwerk und als Gebärerinnen von Söhnen eine Rolle spielten. Seitdem ich ihnen zugehört habe, weiß ich, dass die Geschichte des Gottesvolkes entscheidend von Frauen beeinflusst wurde. Ja ich frage mich seitdem ernsthaft, ob nicht gewisse Männer die Nebenrollen spielten, die sie den Frauen zugewiesen haben – wenn denn schon Rollen verteilt werden müssen.

Aber ich will den Geschichten der ehrwürdigen Ahnfrauen nicht vorgreifen. Sie werden sie selbst erzählen.

Tamar

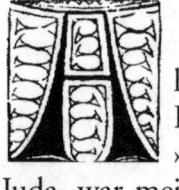ls ich verheiratet wurde, war ich noch ein Kind, ein kleines Mädchen«, begann Tamar, »und Er, der älteste Sohn von Schua und Juda, war mein Spielgefährte. Er starb, bevor wir alt genug waren, als Mann und Frau zusammenzuleben. Damals war ich sehr traurig, dass mein Freund Er sterben musste, weil er Jahwe missfiel. Mir missfiel er nicht, und ich weiß nicht, was Jahwe an ihm auszusetzen hatte.

Nachdem die Zeit der Trauer vorüber war, wurde ich mit Onan, dem Bruder des Verstorbenen, verheiratet. ›Geh nun mit Tamar die Schwagerehe ein und verschaffe deinem Bruder Er Nachkommen!‹ verlangte Juda, mein Schwiegervater. So war es Sitte im Land.«

Ich überlegte, was in ihr vorgehen mochte, wenn sie sich an die Zeit erinnerte, die sie mit Onan verbrachte. Es hieß, Onan habe es nicht eingesehen, seinem toten Bruder zu Nachkommen zu verhelfen. Aber Tamar schien es anders erlebt zu haben.

»Onan war sehr rücksichtsvoll«, erzählte sie, »er hat mich geschont und sich dadurch in Verruf gebracht. Vielleicht«, sagte sie nachdenklich, »war er der liebesfähigste Mann unter all den Männern, die ein Kind nach dem anderen zeugen.«

So, dachte ich, höre ich diese Geschichte zum ersten Mal. Und mir fiel ein, dass ich sie ja auch zum ersten Mal von einer Frau erzählt bekam.

Was auch immer der wahre Grund für sein Verhalten gewesen sein mag und durch wen auch immer es an die Öffentlichkeit getragen worden ist, es wurde der Nachwelt als verwerflich überliefert. Vielleicht denken die Kleriker, die Geburtenregelungen ablehnen, tatsächlich immer noch an Onan und Tamar? Immerhin, dachte ich und bemühte mich, ein anzügliches Lächeln zu unterdrücken, begann die Geschichte der Stamm-Mutter des Hauses Juda und der Ahnfrau Jesu recht eigenartig.

Tamar schien mir meine Gedanken anzusehen; denn es hörte sich wie ein Verweis an, als sie sagte: »Die Morallehren deiner Kirchenväter gehen mich nichts an. Zu meiner Zeit waren sie noch nicht gültig. Priester, Propheten und patriarchale Rechtsgelehrte sind mir unbekannt. Zu meiner Zeit waren die heiligen Haine noch nicht zerstört und entweiht, in denen wir unseren Göttinnen dienten.«

Ich schwieg beschämt, weil mir wieder bewusst wurde, auf was ich mich eingelassen hatte, als der Engel zu mir sagte: »Ich bringe dich in das Land der Frauen« und ich ihm gefolgt war. Auf Schritt und Tritt spürte ich, dass ich mich in diesem Land nicht zurechtfand. Um ehrlich zu sein, mir erschien hier vieles ein wenig verrückt, und manchmal war mir, als schwanke der Boden unter meinen Füßen. Wieder und wieder musste ich mein anerzogenes Wissen umkehren, um mich zurechtzufinden.

»Mein Schwiegervater wollte nach dem Tod seiner beiden älteren Söhne nichts mehr mit mir zu tun haben. Nachdem auch Onan gestorben war, schickte er mich in mein Elternhaus zurück«, erzählte Tamar. »Juda war in großer Sorge, dass ich seinem jüngsten Sohn, dem kleinen Schela, auch noch Unglück bringen würde. Wenigstens dieser eine musste doch am Leben bleiben und ein richtiger Mann werden. Ein starker, mächtiger Mann wie er selbst und Hira, sein Freund.«

Schwierig, dachte ich. Für Tamar, die junge Frau, muss es eine sehr schwierige Zeit gewesen sein, als ihr Schwiegervater sie, die zweifache Witwe, wie einen lästigen Gegenstand abschob. Ihre Eltern waren sicher nicht begeistert, dass sie ihre Tochter, behaftet mit dem Makel der Unfruchtbarkeit, womöglich des Gattenmordes verdächtigt, wieder bei sich aufnehmen mussten. Zwar hatte Juda ihr zugesichert, dass er sie mit Schela, seinem Jüngsten verheiraten würde, sobald der das heiratsfähige Alter erreicht habe, aber das waren nichts als leere Worte. Wenn er es wirklich ernst gemeint hätte, müsste er sich schon längst bei ihr gemeldet haben.

»Als ich einsah, dass Juda, der mächtige Stammesfürst, gar nicht daran dachte, sein Versprechen zu halten, entschloss ich mich, die Angelegenheit selbst in die Hand zu nehmen und zu handeln.«

Wer hatte ihr dazu geraten? War sie wirklich ganz allein darauf gekommen, ihren Schwiegervater zu überlisten? Wieviel Mut hat es sie gekostet, sich wie eine käufliche Braut auszustatten und Juda in die Falle zu locken? Wieviel Überwindung hat es dich gekostet, dich an die Straße zu setzen und auf den Freier zu warten wie eine Dirne, Tamar?

Was hatte sie sich überhaupt dabei gedacht? Wollte sie sich nur an ihm rächen, indem sie ihn bloßstellte und blamierte? Wahrscheinlich wollte sie ihn erpressen. Prominente Männer, die sich auf Liebesabenteuer einlassen, sind leicht erpressbar.

»Als man mir berichtete: ›Dein Schwiegervater geht gerade nach Timna hinauf zur Schafschur‹, zog ich meine Witwenkleider aus, legte einen Schleier über, verhüllte mich und ging zum Stadttor von Enajim, das an der Straße nach Timna liegt«, erzählte sie. »Ich setzte mich an die Stadtmauer und sah ihm entgegen. Er musste dort ja vorbeikommen.«

Sie hatte diesen Racheplan schon längst ausgebrütet, bevor sie ihn jetzt in die Tat umsetzte, daran war nicht zu zweifeln. Wie groß muss aber ihre Wut und Verbitterung gewesen war, dass sie sich in solch eine Situation begab! Sie konnte damals ja nicht ahnen, dass ihre Energie und ihr Mut zu dem Entwurf gehörten, den sich der große Weltenplaner ausgedacht hatte. Eine feige, ängstliche Tamar hätte nicht in sein Konzept gepasst. Aber das konnte sie nicht wissen. Erst im Nachhinein stellte sich heraus, dass alles zusammenpasste.

»Juda hielt mich für eine Dirne«, erzählte sie. »Als er mich an der Stadtmauer sitzen sah, bog er vom Weg ab. Mein Plan ging auf. ›Lass mich zu dir kommen!‹ bat er. ›Was gibst du mir dafür?‹ wollte ich wissen. Er antwortete: ›Ich werde dir ein Ziegenböckchen von der Herde schicken.‹« Noch immer lachte sie darüber wie über einen Witz.

Aber damals lachte sie nicht, sondern erklärte sich einverstanden. Allerdings hatte sie gesagt: »Du musst mir aber ein Pfand da lassen, bis du mir das Ziegenböckchen schickst.«

Das schien ihm einzuleuchten. Für nichts ist nichts. Das war auch immer seine Devise gewesen. »Was für ein Pfand soll ich dir geben?«, fragte er.

Juda wollte möglichst rasch zur Sache kommen, darum achtete er nicht auf die Falle, die sie zuschnappen ließ, als sie seinen Siegelring mit der Schnur und den Stab in seiner Hand forderte.

Ich konnte es fast nicht glauben, dass er ihr seine Machtinsignien überlassen hatte. Aber er gab sie ihr bedenkenlos, sogar ohne sie nach ihrem Namen zu fragen.

»Als ich bekommen hatte, was ich wollte, bekam auch er, was er wollte. Dann trennten wir uns. Sobald er außer Sichtweite war, legte ich den Schleier ab und zog wieder meine Witwenkleider an.«

Mir fehlten die Worte. Diese Tamar! Ich muss sie wohl ziemlich erstaunt angesehen haben, denn sie fragte: »Was siehst du mich so an? Bin ich etwa ein Weltwunder?«

Nein, dachte ich, trotz ihrer erwiesenen Kaltblütigkeit ist sie das nicht. Viele Frauen sind ebenso selbstbewusst, selbstbestimmt und unabhängig wie sie. Aber das Besondere an ihr war, dass sie ihren Gegner vollständig entmachtete und in die Knie zwang. Nicht durch Blutvergießen und Gewalt, sondern durch Hingabe.

Dazu kam, und das schien mir, als einer vom patriarchalen Bewusstsein bestimmten Frau, vielleicht das Erstaunlichste zu sein, dass bei ihr nicht die Spur eines Triumphes zu spüren war.

Nur ein wenig Verachtung meinte ich aus ihren Worten herauszuhören, als sie sagte: »Ein Ziegenböckchen wollte er mir opfern!«

Juda schickte seinen Freund Hira tatsächlich mit dem Ziegenböckchen los, um die Pfänder einzulösen. Aber Hira hielt vergeblich Ausschau nach einer Dirne, die in Enajim am Stadttor, das nach Timna hinausführte, ihrem Gewerbe nachging. Die Leute, die er befragte, erklärten ihm, dass es in Enajim überhaupt keine Dirnen gäbe. Was blieb ihm übrig, als mit dem Ziegenböckchen wieder abzuziehen? Missmutig unterrichtete er seinen Freund Juda von der erfolglosen Mission.

»Soll sie die Sachen behalten!«, entschied Juda. »Wenn man uns nur nicht auslacht, dass ich ihr dieses Böckchen geschickt habe, und du hast sie nicht gefunden!« Für ihn war die Gefahr, sich lächerlich zu machen, schlimmer als der Verlust seiner Wertgegenstände. Dein Erfolg war perfekt, Tamar!

Aber beinahe hätte die Posse doch noch ein schlimmes Ende gefunden, denn als man Juda eines Tages meldete, seine Schwiegertochter habe Unzucht getrieben und sei schwanger, da meinte er, sie nun ganz rasch loswerden zu können. Er wollte sie verbrennen lassen, wie man Hexen verbrennt. So roh und herzlos urteilte Juda über Tamar. Mit dem Schein des Rechts hätte er sie gnadenlos auf den Scheiterhaufen gebracht. Juda, der Mann mit der weißen Weste, Juda, Israels Sohn, Leas Sohn, hätte um ein Haar ein gemeines Verbrechen begangen, und niemand hätte ihn daran hindern können. Und niemand hätte die Untat gesühnt.

Zum Glück durchkreuzte Tamar die bösen Pläne ihres Schwiegervaters und rettete sich selbst, weil sie in weiser Voraussicht und rechtzeitig die eindeutigen Beweisstücke an sich gebracht hatte.

»Als man mich zum Galgenberg hinausführte, schickte ich meinem Schwiegervater die Pfänder und ließ ihm ausrichten: Von dem Mann, dem das gehört, bin ich schwanger. Sieh genau hin: Wem gehören der Siegelring mit der Schnur und der Stab?«

Juda gab sich geschlagen. Er musste zugeben, dass sie ihm gegenüber im Recht war. Es gab keine andere Möglichkeit mehr für ihn, sich aus der Affäre zu ziehen, als klein beizugeben.

Glücklicherweise hat Schua die Affäre ihres Gemahls nicht mehr miterlebt. »Um meine Schwiegermutter wäre es mir leid gewesen«, sagte Tamar. »Aber wegen Juda machte ich mir kein schlechtes Gewissen. Er hatte das Gelächter verdient, das im ganzen Land erscholl, als sich die Einzelheiten herumsprachen.«

Tamar genoss ihre Rache sichtlich. Sie saß zufrieden unter der Tamariske und räkelte sich im Schatten. Wer wollte es ihr verübeln? Auf meine indiskrete Frage: »Juda verkehrte später nicht mehr mit dir?«, antwortete sie lässig: »Dazu gab ich ihm keine Gelegenheit. Die Tore meiner Stadt blieben ihm verschlossen.«

Ich hätte sie gern noch gefragt, ob die Stadt, die *Tamar* hieß, etwas mit ihr zu tun habe (1. KÖNIGE 9,18;

EZECHIEL 47,19; 48,28). Immerhin könnte Juda ihr dieses Fleckchen Erde als Stammsitz, sozusagen als Wiedergutmachung, übertragen haben. Einmal, um sie abzufinden, zum anderen, um sein Gesicht zu wahren und seinen guten Ruf wieder herzustellen.

Je länger ich darüber nachdachte, desto gewisser war ich mir, dass sie, die große Mutter in Juda, die direkte Nachfolgerin Leas, deren Kindeskinder sie zur Welt brachte, in der Stadt, die ihren Namen trug, mehrere Generationen lang eine wichtige Rolle spielte. Wer sich so klug verhielt wie Tamar, konnte sich des Nachruhms gewiss sein.

Aber bevor ich sie fragen konnte, ob etwas dran sei an meinen Vermutungen, hatte eine andere Frau bereits angefangen, die Geschichte einer anderen Stadt zu erzählen.

1. MOSE 38,1-30

Rahab

Eine Stadt gehört sich selbst«, sagte Rahab mit fester Stimme, »sie lebt ihr eigenes, unverwechselbares Leben. Sie hat einen eigenen Namen, und sie hat ein eigenes Gesicht. Eine Stadt ist ebenso wenig das Eigentum der Menschen wie die Erde. Eine Stadt ist wie eine Frau ...«

Und ich dachte daran, dass Jerusalem *Tochter Zion* genannt wird und dass auch viele andere Städte als Mutterstädte und Tochterstädte bezeichnet werden.

Frauen und Städte haben tatsächlich vieles gemeinsam. In keiner Eroberungsgeschichte ist davon die Rede, dass Frauen fremde Städte angreifen. Sie haben offensichtlich nicht das Bedürfnis, eine schöne reiche Stadt zu erobern. Im Gegenteil. Von jeher gehörten sie entweder zu denen, die sie verteidigten, oder zu denen, die besiegt, vergewaltigt, beraubt oder vertrieben wurden. Jede überlieferte Stadtgeschichte könnte darum auch eine Frauengeschichte sein.

»Zweifelst du daran?«, fragte Rahab. »Dann ist es müßig, dir meine Geschichte zu erzählen.« Sie sagte: »Männer erobern, besiegen eine Stadt, eine Frau. Sie nehmen sie in Besitz, schmücken sie, versorgen sie, bewachen sie. Aber niemals werden sie eins mit der Stadt. Sie besingen, begehren, verführen und bewohnen sie, aber sie können weder Frauen noch Städte noch die Erde selbst sein. Das müssen auch die Israeliten irgendwann begriffen haben. Warum wäre ihr Gott sonst unser Gegner geworden?«

Ich bat sie, mir zu erklären, was das eine mit dem anderen zu tun habe.

»Der Gott Israels duldete keine Frau neben sich«, erklärte sie nachsichtig. »Seine Priester mussten Männer sein, seine Erben waren Väter und Söhne. Und doch«, sie sah mich herausfordernd an, »bedurfte er unser gelegentlich.« Sie erzählte mir, wie es zugegangen war, als das Land und die Stadt, in der sie lebte, erobert wurden, und wie sie es zu verhindern wusste, dass sie zu den Opfern gehörte.

Von den beiden israelitischen Spionen, die heimlich in ihr Haus an der Stadtmauer gekommen waren, hatte sie erfahren, dass die Erstürmung Jerichos unmittelbar bevorstand.

»Du kannst dir wahrscheinlich nicht vorstellen«, sagte sie, »welches Entsetzen den Hebräern im ganzen Land vorauseilte. Nun kamen sie also unaufhaltsam näher. Einige der Unseren meinten zwar, solange sie noch auf der anderen Seite des Jordan wären, hätte Jericho nichts zu befürchten; aber nach dem, was in Schittim geschehen war, war *mir* klar, dass dieses Volk durch nichts aufzuhalten war, weder durch einen Fluss noch durch bewaffneten Widerstand noch durch List. Dieses Volk ermordete sogar seine eigenen Männer. Wie könnte man erwarten, dass es seine Feinde verschont?«

Sie erzählte von den Leuten in Schittim. Während des berühmten Baal-Pegor-Festes hatten die Israeliten Kosbi, die schöne Tochter des Fürsten von Midian, ermordet.

»Hast du Kosbi gekannt?«, fragte ich sie, weil sie nicht weitersprach.

»Wer kannte sie nicht?«, erwiderte sie traurig.

»Welche Rolle spielte sie bei der Eroberung Jerichos?«, fragte ich, weil ich die Zusammenhänge nicht verstand.

»Keine«, antwortete sie.

Dass sie Schittim erwähnte und mehr noch ihre Trauer um die Ermordete, zeigte mir aber, dass es doch eine Ver-

bindung geben musste. Ich bat sie, mir nur ein paar Einzelheiten zu nennen.

»Bis nach Moab waren Mose und Josua schon mit dem
ganzen Stamm vorgedrungen auf der Suche nach dem
Gelobten Land, *in dem Milch und Honig fließen,* wie sie
erhofften. Die Moabiter erlaubten ihnen, in Schittim ihre
Zelte aufzuschlagen. Dort wurde aber der Baal Pegor verehrt, ein freundlicher, ein leidenschaftlicher, ein eroti-
scher Gott, der vielen Israeliten gefiel, sehr zum Ärger ihres eifersüchtigen Gottes und seiner Priester. Wahrhaftig,
Jahwe war maßlos in seiner Wut über die Atrünnigen.
Zur Strafe dafür, dass das Volk an dem großen Fest teil-
nahm, das alljährlich auf dem Heiligen Berg des Baal gefeiert wurde, ließ er ihre eigenen Stammesfürsten an den
Galgen bringen. Das Wehklagen ihrer Angehörigen war
groß zu Schittim. Außerdem schickte er einen Krank-
heitsdämon ins hebräische Lager und ließ ihn die Leute
dahinraffen, dass sie umfielen wie die Fliegen.«

Rahab schüttelte sich in Erinnerung an jene elende
Zeit in Moab.

»Plötzlich tauchte Kosbi, die Tochter des midianitischen
Fürsten Zur an der Seite des Simri, einem Sohn des israelitischen Fürsten Salus, im Lager auf. Es war unverantwort-
lich von diesem Mann, die schöne Kosbi einer solchen Gefahr auszusetzen. Aber er scheint blind vor Liebe gewesen
zu sein, denn er führte sie vor den Augen des Oberpriesters
Pinehas, Aarons Enkelsohn, in sein Zelt.

Pinehas sah sie beide in Simris Zelt verschwinden, erhob sich, nahm seinen Spieß in die Hand, ging ihnen
nach und erstach sie beide auf ihrem Liebeslager.«

Und Gott Jahwe lobte sein Volk für dessen unnachsich-
tige Härte und sprach zu Mose: »*Schlagt die Midianiter
und fügt ihnen Schaden zu, weil sie euch verführt haben
mit ihrem Baal Pegor und mit Kosbi, der Tochter des Fürsten.*«

Das Gemetzel in Schittim war also der Eroberung Jerichos unmittelbar vorausgegangen, ja, die Zerstörung der Stadt gehörte direkt in den Racheplan Jahwes, denn *schlagt sie und fügt ihnen Schaden zu*, lautete sein Befehl. Kein Wunder, dass sich die Stadttore schlossen, sobald sich ihnen ein Hebräer näherte. Kein Wunder auch, dass die beiden Männer, die Josua nach Jericho schickte, dort in Lebensgefahr gerieten, als sie versuchten, die Schwachstellen in der Verteidigung der Stadt auszuspähen.

»Ich verstand unseren König nicht«, erinnerte sich Rahab. »Er musste doch einsehen, dass es bei den Israeliten nicht mit rechten Dingen zugehen konnte. Sie nahmen einen Ort nach dem anderen ein und besetzten unaufhaltsam das ganze Land. Warum musste soviel unschuldiges Blut vergossen werden, wenn es doch sinnlos war, sich gegen sie zu wehren? Mir war längst klar, dass sie, solange sie ihrem Gott Jahwe und seinen mächtigen Priestern gehorchten, unschlagbar waren. Ich verstand darum nicht, warum der Stadtkönig die Herausgabe der beiden Spione verlangte, die er bei mir vermutete. Er würde die Sache dadurch, dass er sie hinrichtete, nur schlimmer machen.«

Am liebsten hätte sie zu den Soldaten gesagt, die er ihr ins Haus schickte: »Fragt den König, ob er glaubt, dass er die Israeliten auch nur für einen Tag aufhalten kann, indem er diese beiden erschlägt.« Aber sie tat es nicht. Sollte er doch mitsamt seiner Stadt untergehen! »Ich, Rahab, wollte jedenfalls überleben mit meiner Familie.« Noch in der Erinnerung war ihre damalige Erregung zu spüren und ihre Entschlossenheit.

Den Boten des Königs erklärte sie: »Ja, die Männer sind kurz bei mir gewesen; aber wie konnte ich wissen, dass es Hebräer waren? Sie sind gegangen, bevor das Stadttor geschlossen wurde. Wohin, weiß ich nicht. Am besten, ihr lauft ihnen schnell nach, dann könnt ihr sie vielleicht noch einholen.«

Daraufhin begann eine wilde Verfolgungsjagd. Alles stürzte in Richtung Jordan zu den Furten; aber natürlich suchten sie vergeblich, denn sie hatte die beiden oben auf das Dach gebracht und unter dem Flachsstroh versteckt.

»Ich weiß«, sagte sie zu den beiden, denen die Angst deutlich anzusehen war, »dass Jahwe euch das Land versprochen hat. Alle Bewohner des Landes sind aufgelöst in Entsetzen über euch. Schließlich haben sie gehört, dass Jahwe das Wasser des Schilfmeeres vor euch ausgetrocknet hat, als ihr aus Ägypten ausgezogen seid, und was ihr den beiden Königen der Amoriter jenseits des Jordans angetan habt, Sihon und Og, an denen ihr den Bann vollstreckt habt, und dass euer Priester Pinehas die schöne Kosbi ermordete. Seit wir davon hörten, ist unser Herz auseinander geflossen, und keiner hat mehr zu atmen gewagt vor euch. Euer Gott Jahwe, das ist ein Gott droben im Himmel und unten auf der Erde, wie wir ihn so schrecklich nicht kennen.«

Bei diesem Gott ließ sie die beiden schwören, dass sie ihr helfen würden, wie sie auch ihnen geholfen hatte. »Gebt mir ein zuverlässiges Zeichen, dass ihr dann, wenn Jericho gefallen ist und ihr alle Bewohner umbringt, mich und meine Familie verschont«, forderte sie.

Da sprachen die Männer zu ihr: »Wir schwören. Wir wollen statt deiner dem Tod verfallen sein, wenn wir diesen Schwur brechen. Wenn Jahwe uns das Land gibt, dann erweisen wir dir und deinen Angehörigen Barmherzigkeit. Darauf kannst du dich verlassen.«

Da ließ sie den ersten an einem Seil durch das Fenster hinab, nachdem sie ihnen geraten hatte, ins Gebirge zu gehen, damit sie den Verfolgern nicht in den Weg liefen.

»Verbergt euch dort drei Tage«, riet sie ihnen, »bis sie die Suche aufgegeben haben.«

Bevor sie den zweiten hinunterließ, sagte der: »Wir können uns aber nur unter folgender Bedingung an den Eid halten, den du uns hast schwören lassen: Wenn wir

Jericho angreifen, dann musst du eine rote Schnur an das Fenster binden, durch das du uns hinuntergelassen hast. Und deine Angehörigen musst du dann bei dir im Haus versammelt haben. Für diejenigen, die nicht in deinem Haus sind, übernehmen wir keine Verantwortung. Und wenn du unsere Sache verraten solltest, sind wir ohnehin nicht verpflichtet, unser Versprechen zu halten.«

»Wie ihr gesagt habt, so soll es sein«, sagte Rahab und seilte ihn auch ab.

Vier Tage brauchten die Israeliten, um den Jordan zu überqueren. Sie lagerten nicht weit entfernt in der Steppe. Zunächst blieb alles ruhig. Die Stadttore waren geschlossen, niemand durfte Jericho verlassen, und niemand kam in die Stadt. Alles war zur Verteidigung vorbereitet. Alles erwartete den Angriff.

Und dann rückten sie näher. Sie formierten sich zu einem endlos langen Zug und umschritten langsam die Stadtmauer. Kein Wort war zu hören. Kein Kriegsgeschrei. Dafür bliesen sie die Widderhörner, deren entsetzliche Töne einem das Mark in den Knochen erstarren ließen. Das wiederholten sie sechs Tage und brachten die Bevölkerung damit zur Verzweiflung; denn niemand hatte je zuvor etwas Ähnliches gehört oder miterlebt. Am siebten Tag zogen sie siebenmal um die Stadt. Dann stimmten sie das Kriegsgeschrei an, und die Bewacher gerieten in Panik, so dass die Stadt widerstandslos in die Hände der Eroberer fiel. Sie töteten alles: Männer, Frauen, Kinder, Greise, Rinder, Schafe und Esel – nichts blieb verschont in Jericho.

»Ich hatte mich und meine Familie bereits aufgegeben«, erzählte Rahab, »als die beiden jungen Israeliten doch noch ins Haus gestürzt kamen und mich und meine Verwandten außerhalb ihres Lagers in Sicherheit brachten. Von dort aus sahen wir, wie unsere ehrwürdige Stadt in Schutt und Asche versank.«

Auch später ließen die Eroberer sie und ihre Angehörigen ungeschoren. Ihr Familienverband bekam in der Nähe von Jericho Wohnrecht, und einige von ihnen traten im Laufe der Zeit zum Jahweglauben über.

Ich hörte Rahab zu, ohne sie auch nur ein einziges Mal zu unterbrechen. Etwas fehlte. Eine wichtige, positive Kleinigkeit. Warum hatte sie mir verschwiegen, dass sie ein Kind bekam?

»Wann bist du Salmon begegnet?«, fragte ich sie.

Sie zuckte die Schultern und sagte: »Ich erinnere mich nicht an einen Mann, der Salmon hieß.«

»Aber du wirst dich doch erinnern, dass du Boas geboren hast?«, fragte ich erstaunt.

»Du fragtest mich nach Salmon«, erinnerte sie mich.

»Ja«, gab ich zu, »aber er war der Vater des Boas.«

»Das mag sein«, sagte sie. »Für eine Geweihte zählen Namen nicht.« Nach einer Weile sagte sie nachdenklich: »Salmon? Ich erinnere mich wirklich nicht an einen Mann, der sich Salmon nannte. Er muss einer von denen gewesen sein, die wenig Aufhebens von sich machen. Es sind ja nicht die Schlechtesten. Boas jedenfalls hat seinem Vater Ehre gemacht, wer immer es gewesen ist.«

Sie erhob sich, reckte sich, goss ein wenig gegorene Ziegenmilch in eine Schale, trank und reichte sie weiter an Rut, die ihr gegenübersaß. »Nun bist du an der Reihe, Schwiegertochter«, sagte sie lächelnd. Erzähl uns nun deine Geschichte.«

Ich hoffte, dass sie nicht gar so schrecklich wäre wie Rahabs Bericht. Noch mehr Schilderungen von Grausamkeiten und heiligen Kriegen könnte ich wohl kaum ertragen.

Aber weil sie sie Schwiegertochter nannte, war ich neugierig geworden. Ja, Rahabs Schwiegertochter wollte ich gern näher kennen lernen, und ihre Lebensgeschichte interessierte mich sehr.

4. Mose 25,1-18; Josua 2,1-24; 6,15-27

Rut

Rut saß ein wenig abseits. Gar so selbstbewusst wie Tamar und Rahab schien sie nicht zu sein. Jedenfalls wirkte sie zurückhaltender, vielleicht sogar ein wenig schüchtern. Sie fuhr sich mit der Hand über die Haare und zupfte an ihrem Gewand herum, bevor sie ein wenig von der gegorenen Milch trank, die Rahab ihr anbot. Danach reichte sie mir die Schale und wartete, bis ich sie ausgetrunken hatte. Dann begann sie zu reden.

»Als ich Machlon heiratete, der als Fremder mit seiner Familie bei uns in Moab lebte«, begann sie zögernd, als suche sie nach den richtigen Worten, »ging es mir gut. Elimelech und Noomi, seine Eltern, die mit ihm und seinem Bruder Kiljon aus Bethlehem in Juda vor der Hungersnot zu uns geflohen waren, fanden eine Bleibe bei uns. Wir Moabiter lebten damals im Überfluss, warum sollten wir unseren Reichtum nicht mit ihnen teilen? Natürlich gab es auch Leute, die sie ablehnten und verachteten, weil sie Israeliten waren und zu denen gehörten, die Kosbi ermordet hatten.«

Wie hell ihre Stimme war. Sie klang wie die eines junges Mädchens. Aber Rut war eine erwachsene Frau.

»Meine Freundin Orpa und ich waren von Anfang an gern bei den Fremden«, fuhr sie fort. »Vor allem Noomi gefiel uns. Sie war eine besondere Frau, anders als unsere Mütter, und wir waren stolz, als wir ihre Schwiegertöchter wurden.«

Sie sprach anders als die anderen. Wahrscheinlich lag es an ihrem moabitischen Tonfall.

Sie erzählte, dass Noomi, nachdem sie Witwe geworden war und auch noch ihre beiden Söhne verloren hatte, nach Bethlehem in Juda zurückkehren wollte.

»Was sollte aber aus Orpa und mir werden?«, fragte Rut, als wüsste sie immer noch keine Antwort auf diese Frage. »Wenn wir bleiben würden, konnten wir schwerlich den Makel loswerden, der uns seit unserer Heirat mit den Fremden anhaftete. Seitdem wir unsere Mütter verlassen hatten, gab es im Grunde gar keine andere Möglichkeit für uns, als bei ihr zu bleiben, komme, was da wolle, zumal wir Witwen waren. Wir begleiteten Noomi bis zur Grenze. Als wir an den Jordan kamen, der Moab von Juda trennt, sagte sie zu uns: ›Nun müsst ihr umkehren, meine Töchter und zu euren Müttern zurückkehren.‹ Wir wollten aber bei ihr bleiben.«

Noomi verstand die Hilflosigkeit der jungen Frauen. Sie konnte die Panik nachempfinden, die sie ergriff, wenn sie an ihr zukünftiges Leben als kinderlose Witwen dachten. Mitleidig versuchte sie sie zu trösten, so gut es ging, indem sie sagte: »Jahwe wird darauf achten, dass ihr wieder gut versorgt seid und jede wieder einen Mann findet, habt doch Vertrauen.«

Aber Rut sah das anders: »Kann denn Jahwe in seinem eigenen Volk nicht besser für uns sorgen als in Moab, wo sein Name gefürchtet ist?«, fragte sie.

Schließlich ließ Orpa sich zur Umkehr überreden. Aber Rut wollte nicht nach Hause zurückgehen.

Auch als Noomi meinte: »Siehst du, deine Schwägerin Orpa ist vernünftig, sie ist heimgekehrt zu ihrem Volk und zu ihrem Gott. Sei du doch auch vernünftig, Rut, mach du es doch auch wie sie und kehre um«, ging sie nicht zurück.

Sie erwiderte fest: »Wohin du gehst, dahin gehe ich auch. Dein Volk ist mein Volk, und dein Gott ist mein

Gott. Wo du stirbst, da sterbe ich auch, da will ich auch begraben sein. Möge mir Jahwe tun, was immer er will: Nur der Tod wird dich und mich scheiden!«

»Es waren starke Worte, Rut«, sagte ich, »die du da an der Grenze gesprochen hast. Hast du sie jemals bereut?«

»Nein, niemals«, antwortete sie

»Was sagten denn die Ephratiter, als ihr beide in Bethlehem ankamt?«, fragte ich neugierig.

»Die ganze Stadt geriet aus dem Häuschen, und die Frauen riefen: ›Ist das nicht Noomi? Seht nur, Noomi ist heimgekehrt!‹« Sie lächelte in Erinnerung an jene Augenblicke. »Mich beachtete niemand. Ich gehörte ja nicht zu ihnen. Aber sie hinderten mich auch nicht, bei ihnen zu bleiben.«

Es war die Zeit der Gerstenernte. Kaum hatten sich die beiden Frauen notdürftig eingerichtet, nahm Rut sich vor, Ähren zu lesen, wie sie es von zu Hause gewohnt war, um für Brotkorn zu sorgen. Noomi war damit einverstanden.

So machte sich Rut auf, suchte sich eines der Erntefelder aus, ging hinter den Schnittern her und sammelte die Ähren ein, die liegen geblieben waren. Sie hatte es immer gern getan, schon als ganz kleines Mädchen. »Ich bin barfuß über die Stoppelfelder gegangen«, erinnerte sie sich, »das machte mir nichts aus.«

Am Abend, als sie schwer beladen heimkam, fragte Noomi erstaunt, auf wessen Feld sie so viel Gerste gesammelt hätte. Sie erzählte ihr von ihrer Begegnung mit dem Grundbesitzer Boas, der ihr ausdrücklich erlaubt habe, hinter seinen Schnittern und Garbenbinderinnen herzugehen, und dass er ihr auch erlaubte, mit seinen Knechten und Mägden zusammen das Brot in die Schüssel zu tunken.

»Jahwe möge ihn segnen!«, sagte Noomi erleichtert, als sie hörte, dass er sich persönlich um sie gekümmert hatte und sogar dafür sorgte, dass die Garben nicht gar so fest gebunden wurden, damit genug Ähren liegen blieben. »Dieser Mann ist mit uns verwandt, er ist sogar verpflichtet, uns zu unterstützen, denn er ist einer unserer Löser«, erklärte sie und fragte, ob sie den Eindruck gehabt hätte, dass er sie erkannt habe.

Rut sagte: »Er hat mich nach meinem Namen gefragt und mir geraten, mich bei seinen Mägden aufzuhalten, bis die Ernte eingebracht ist.«

Noomi war sehr zufrieden. Er wusste also, wer sie war. Und in der Nähe der Garbenbinderinnen würden die Knechte sie hoffentlich nicht belästigen. Nun ging Rut jeden Tag auf die Felder des gutmütigen Boas hinaus und brachte nach und nach einen beachtlichen Vorrat an Brotgetreide heim.

Nach einer gewissen Zeit sagte Noomi zu ihrer Schwiegertochter: »Ich habe gehört, dass heute das Erntefest bei Boas gefeiert wird. So wasch dich, salb dich, mach dich fein und geh zu seinem Fest. Aber halte dich zurück. Lass dich am besten gar nicht in seiner Nähe blicken, bevor er ordentlich gefeiert hat. Warte, bis es dunkel geworden ist und er berauscht im Stroh liegt. Dann kommt deine Chance, dann legst du dich zu ihm unter seine Decke. Mehr brauchst du nicht zu tun, alles andere kommt dann schon von allein.«

»Und?«, fragte ich gespannt, weil sie nicht weiterredete.

»Ich folgte ihrem Rat«, sagte sie. »Ich legte mich zu ihm ins Stroh. Gegen Mitternacht schrak er plötzlich auf und fragte mich verwirrt: ›Wer bist du?‹ ›Ich bin Rut, die Ährenleserin‹, flüsterte ich, damit mich niemand hörte.«

Ein wenig erinnerte mich diese Geschichte an Tamar. Eine junge Witwe ist auf Versorgung aus und überlistet einen Mann. Und trotzdem war die Geschichte, die Rut erzählte, eine ganz andere, denn Rut war nicht allein. Sie hatte eine kluge Frau zur Seite, die ihr den Rücken stärkte, die sie beriet, die ihr Mut machte, während Tamar und Rahab ganz auf sich allein gestellt waren.

Es ist das erste Mal, dachte ich, dass eine Frau die Wege einer anderen Frau ebnet. Zum ersten Mal höre ich, dass Frauen keine Rivalinnen sind, sondern einander vertrauen und Hand in Hand gehen. Schon an der Grenze, als Rut ihrer Schwiegermutter versprach, in Treue zu ihr zu halten, hatte mich ihre bedingungslose Hingabe berührt, die nicht einem Mann galt, sondern einer Frau. Nun erwiderte Noomi ihr diese Treue durch Treue.

Boas, der Grundbesitzer, war vom ersten Augenblick an beeindruckt gewesen von der jungen Ausländerin, die ihre Heimat verlassen hatte, um bei Noomi zu bleiben. Er hatte mit eigenen Augen gesehen, wie fleißig und geschickt sie arbeitete. Und in der Festnacht, als sie plötzlich in seinen Armen lag, rührte ihn ihre verletzbare Zärtlichkeit.

Leise flüsterte er ihr zu: »Deine Liebe ist ein wunderbares Geschenk für mich. Du hast dir nicht irgendeinen jungen Mann gesucht, sondern willst dich an mich binden. Du brauchst keine Angst zu haben, Kind, ich werde alles für dich tun! Niemand wird es wagen, dir etwas nachzusagen, denn alle wissen ja, dass du anständig bist.«

Noch bevor es Tag wurde, überlegte er, was zu tun sei. Zwar war er der Löser der Familie, aber da war noch jemand, der dafür infrage kam, der war sogar noch näher mit Noomi verwandt als er.

Als Rut ihrer Schwiegermutter erzählte, wie es ihr auf Boas Tenne ergangen war und was er zu ihr gesagt hatte, wusste Noomi, dass er nun nicht mehr ruhen würde, bis er die Sache zu Ende gebracht habe. Sie sollte Recht behalten. Es kam alles so, wie sie es sich gedacht hatte.

Boas bestellte den betreffenden Verwandten, der vor ihm Ansprüche auf das Land des verstorbenen Elimelech geltend machen konnte, zum Stadttor, außerdem zehn

Ratsmitglieder als Zeugen. Als sich alle niedergelassen hatten, begann er, ihnen den Grund für diese Versammlung zu erklären:

»Es geht um den Acker, der unserem gemeinsamen Verwandten, dem Elimelech, gehört«, sagte er. »Noomi, seine Witwe, die aus dem Grünland zurückgekehrt ist, will ihn verkaufen. Und was mich betrifft, so dachte ich, ich wollte dich darauf aufmerksam machen und sagen: Kaufe ihn doch jetzt gleich, Zeugen sind ja zur Stelle. Denn wenn du ihn nicht kaufen willst, hätte ich wohl Interesse, es zu tun. Aber du bist der Nächste und hast das Vorkaufsrecht.«

»Ja«, sagte der Verwandte, »da gibt es für mich gar nichts zu überlegen, ich kaufe den Acker.«

»Dann ist es in Ordnung«, sagte Boas. »Und dir ist ja sicher bekannt, dass du damit auch das Sorgerecht für die Moabiterin, die Frau des verstorbenen Erben, übernimmst, das heißt, dass du sie als deine Frau zu dir nehmen musst, um mit ihr einen Sohn zu zeugen, der den Namen des Verstorbenen als Erbbesitzer weiterführt.«

»Ach, wenn das so ist«, sagte der Verwandte rasch, »dann trete ich das Löserrecht an dich ab. Die Moabiterin kann ich leider nicht übernehmen, da ich schon verheiratet bin und erwachsene Kinder habe.«

Daraufhin wandte sich Boas an die Ratsherren und sagte: »Ihr seid meine Zeugen, dass ich den Acker, der dem verstorbenen Elimelech und seinen verstorbenen Söhnen Kiljon und Machlon gehört, aus Noomis Hand erworben habe. Dazu habe ich auch Rut, die Moabiterin, die Witwe des Machlon, als meine Frau erworben, um dafür zu sorgen, dass der Name ihres verstorbenen Gemahls nicht vergessen wird.«

Die anwesenden Zeugen bestätigten diese Abmachung und wünschten Boas Glück, indem sie sagten: »Jahwe mache die Frau, die in dein Haus kommt, wie Rahel und

Lea, die beide das Haus Israel gebaut haben! Komm zu Reichtum in Ephrata und zu Ansehen in Bethlehem. Dein Haus gleiche dem Haus des Perez, den Tamar dem Juda geboren hat, durch die Nachkommenschaft, die Jahwe dir aus dieser jungen Frau geben möge.«

Wie erleichtert müssen Boas, Rut und Noomi gewesen sein, dass alles so glatt und reibungslos über die Bühne ging! Ganz gelassen hatte er mit den Männern geredet und so getan, als ginge es ihm nur um Recht und Ordnung, um den Besitz eines Ackers und das Ansehen eines Verstorbenen. Ein Pokerspieler, dieser Boas! Und niemand konnte ihm jemals nachsagen, er habe ein falsches Spiel gespielt.

So wurden Boas und Rut ein Ehepaar. Und als Rut von einem gesunden Sohn entbunden wurde, freuten sich alle Frauen in Bethlehem. »Gepriesen sei Jahwe!«, riefen sie Noomi zu. »Sein Name sei gelobt in Israel! Nun hast du jemand, der dein Herz erfreut und dich im Alter versorgt; und deine liebe Schwiegertochter, die mehr wert ist als sieben Söhne, hat ihn dir geboren!«

Noomi war überglücklich. Sie nahm ihr Enkelkind in den Arm, herzte und küsste es und drückte es an ihre Brust.

»Seht, der Noomi ist ein Kind geboren!«, lachten die Nachbarinnen und freuten sich mit ihr.

Und wieder wunderte ich mich über die Frauen. Nichts als Freude und Glück, dachte ich, wo gibt es denn sowas? Sind Frauen nicht eifersüchtig und neidisch aufeinander? Müssen sie nicht immer ein wenig an ihrer Nachbarin herummäkeln? In Ruts Geschichte war alles anders. Zum ersten Mal hörte ich von einer nie gekannten Solidarität unter Frauen. Soviel Kraft ging von den frohen Nachbarinnen aus, soviel positives Frauenleben, dass ich mich für einen Augenblick überraschend wohl fühlte in Ruts Nähe.

Trotzdem. Die Lebensgeschichten der Ahnfrauen verwirrten mich. Die eine verführte ihren Schwiegervater,
nachdem ihre Männer gestorben waren, die zweite trug
zum Untergang ihrer Heimatstadt bei und konnte sich
nicht einmal an den Vater ihres Kindes erinnern, die
dritte folgte ihrer Schwiegermutter in ein fremdes Land
und wurde von den Frauen Bethlehems als Musterbeispiel
einer Schwiegertochter gepriesen. Sie schienen mir allesamt sonderbare Ausnahmen zu sein.

Aber noch hatte ich sie nicht alle angehört. Gespannt
sah ich zu Batseba hinüber. Was würde sie mir erzählen?

DAS BUCH RUT

Batseba

arst du glücklich mit David?«, frage ich Batseba geradezu.

Sie gab mir keine Antwort.

»Hast du ihn geliebt?«, fragte ich sie nach einer Weile.

Als sie darauf erwiderte: »Ich habe ihm einen Sohn geboren«, wusste ich, dass sie nicht bereit war, mit mir über Glück oder Liebe zu reden, und schwieg beschämt; denn wie konnte ich Davids Harem mit den mir bekannten kleinbürgerlichen Familienverhältnissen vergleichen.

Und dennoch: Sie war ein Mensch wie wir alle, die schöne Batseba, und ihre Geschichte fing damit an, dass David sich in sie verliebte, als er ihr zufällig vom Dach seines Palastes aus beim Baden zusah.

»Es war Herbst, die Jahreszeit, in der die Männer in den Krieg zu ziehen pflegen«, sagte sie, »ich konnte nicht wissen, dass der König zu Hause geblieben war. Hätte ich gewusst, dass er auf der Dachterrasse lustwandelte, hätte ich gewusst, dass er mir von dort aus zusehen konnte...«

Ich wartete gespannt, dass sie weiterreden würde; aber sie schwieg und saß in Gedanken versunken da. Und ich dachte: Natürlich hat sie gewusst, dass der König sich in Jerusalem aufhielt. Warum gibt sie es nicht zu? Natürlich hat sie gewusst, dass David zumindest die Möglichkeit hatte, ihr von der Dachterrasse seines Palastes aus zuzusehen. Warum will sie mir die Rolle einer Unschuld vom

Lande vorspielen? Weil alle Welt sie als das passive Opfer
angesehen hat, das sie in meinen Augen niemals gewesen
ist?

»Was hättest du tun können, um alles zu verhindern,
Batseba?«

»Nichts«, sagte sie nachdrücklich und für mein Dafür-
halten allzu rasch; denn wie oft unterlagen die Mächtigen
der Klugheit einer Frau – und tun es immer noch, ohne
es zu merken.

»Wenn dich der König ruft, musst du gehen. Wenn er
sagt: Setz dich, dann setzt du dich. Wenn er sagt: Leg
dich, dann legst du dich. Wenn er zu dir eingehen will,
geht er zu dir ein.«

»Hast du ihn nicht auf die Strafen hingewiesen, die auf
Ehebruch stehen?«

»Warum? Er kannte sie ja. Ach, die alten Geschichten«,
sagte sie dann gelangweilt. »Es gibt Wichtigeres aus meinem Leben zu berichten, als dass es sich lohnte, diese hin-
länglich bekannten Männerphantasien zu wiederholen.«

Es ist wahr, dachte ich, außer dieser pikanten Affäre
und der Tatsache, dass ihr Ehemann Urija ein Königsop-
fer wurde, weiß ich so gut wie nichts von ihr. Ich bat sie,
mir mehr von sich zu erzählen.

»Nach Urijas Heldentod lebte ich in Davids Harem
und teilte seine Gunst mit seinen Hauptfrauen Michal,
Abigail, Ahinoam, Maacha, Haggit, Abital, Egla und den
Nebenfrauen, deren Namen ich nicht kenne. Später kam
Abischag dazu. Abischag aus Schunem, das kleine
Mädchen, das eine wichtige Aufgabe zu übernehmen
hatte.«

Mir war bekannt, dass Batsebas Rolle als Lieblingsfrau
längst ausgespielt gewesen war, bevor Abischag des Königs Gemach zum ersten Mal betreten hatte.

»Was soll ich dir erzählen?«, überlegte sie und sah mich
an. »Soll ich dir von dem verborgenen Leben hinter den

Mauern der Frauenhäuser erzählen? Soll ich dir die Namen seiner Söhne nennen? Das ist leicht getan. Es waren
Ammon, Daniel, Abschalom, Adonija, Schefatja, Jitream,
Schima, Schobab, Natan, Salomo, Jibbar, Elischua, Elifelet, Nogah, Nefeg, Jafia, Elischama, Eljada und noch einmal Elifelet. Die Namen der Söhne seiner Nebenfrauen
sind mir nicht bekannt.«

»Und die Namen der Töchter?«, fragte ich.

»Warum willst du sie wissen?«, fragte sie ausweichend,
»ich habe keine geboren.«

»Aber du hast sie gekannt, zumindest eine: Tamar, die
Tochter Maachas.«

Sie schwieg. Niemand sprach von Tamar, die von ihrem
Bruder Ammon vergewaltigt und von ihrem Bruder Abschalom gerächt worden war und nun ihr Leben in Einsamkeit vertrauerte (2. SAMUEL 13,1-22). Ich dachte, dass es
sich lohnen würde, jedem einzelnen Schicksal am Hofe
des Königs David nachzugehen. Aber Batseba schien
nicht bereit, mir über alle Auskunft zu geben.

So fragte ich sie: »Wer waren deine Söhne unter den
vielen?«

»Schima, Schobab, Natan und Salomo«, war ihre Antwort.

»In dieser Reihenfolge?«

Sie nickte, als wäre daran nichts Ungewöhnliches,
nichts, worüber es sich zu wundern lohnte. Aber ich
konnte mir so rasch keinen Reim darauf machen; denn
war nicht Salomo das Kind Davids, das er mit ihr zeugte,
nachdem das Kind des Ehebruchs gestorben war? War sie
denn bereits dreifache Mutter gewesen, als David ein
Auge auf sie geworfen hatte? Und einen ihrer Söhne, den
letzten, bevor sie in Davids Frauenhaus zog, den hatte sie
Natan genannt? Hatte sich denn der große Prophet bereits vor David um sie gekümmert? Hatte er deswegen
den König getadelt, weil ihm Batseba persönlich etwas

bedeutete? Hätte er sich für jede andere Frau ebenso ein-
gesetzt? Welches Interesse hatte Natan daran gehabt, dass
Batseba in das königliche Frauenhaus einzog?

»Ohne Natan«, sagte Batseba, als könne sie meine Gedanken lesen, »wäre ich verloren gewesen. Aber mit ihm
habe ich sie alle besiegt, als es am Ende des großen Intri-
genspiels um Leben und Tod ging.«

»Erzähle!«, bat ich sie gespannt.

Sie berichtete mit knappen Worten, wie es ihr mit Na-
tans Hilfe gelungen war, Königinmutter zu werden. Ich
konnte nur ahnen, wie hoch sie der Titel *Königinmutter*
über alle anderen Frauen und Söhne im Lande erhoben
hatte, und wie stolz sie darauf war, ihn tragen zu können.

»Der schöne Sohn der Haggit, Adonija, der vierte Sohn
Davids und Rangältester nach dem Tod seiner drei Brüder, erklärte sich selbst kurz vor Davids Ende zum Thron-
folger und König. Aber Natan, der Treue, war wach. Er
warnte mich rechtzeitig und riet mir, David daran zu erinnern, dass er mir geschworen hatte, mein Sohn Salomo
solle nach ihm König werden und auf dem Thron Davids
als sein legitimer Sohn und Erbe sitzen. ›Frage ihn‹, sagte
Natan, ›warum statt dessen Adonija König geworden ist.‹

»Ich ging also zum König«, erinnerte sich Batseba.
»Abischag aus Schunem war bei ihm und bediente ihn.
Ich warf mich vor ihm nieder, und er fragte: ›Was willst
du?‹ Ich sagte ihm alles genauso, wie Natan es mir geraten
hatte.«

Während sie noch redete, kam der Prophet herein, wie
es abgesprochen war. Er warf sich ebenfalls vor David nieder und sagte: »Mein Herr und König, du hast wohl ver-
fügt, dass Adonija nach dir König sein und auf deinem
Thron sitzen soll. Das Volk feiert ihn bereits und ruft: *Es
lebe König Adonija!* Aber warum hast du denn mir, deinem Knecht, nicht mitgeteilt, wer nach dir auf dem
Thron sitzen wird?«

Welch ein geschickter Anwalt! dachte ich und wollte sie fragen, ob sie neben dem Bett des Königs gesessen habe und wo Abischag sich aufhielt, während Natan mit dem König sprach. Aber Batseba erzählte schon weiter.

»David blieb keine Zeit, lange Beratungen abzuwarten. Er sagte zu mir: ›Ich habe dir bei dem Gott Israels geschworen, dass dein Sohn Salomo nach mir König sein wird und an meiner Stelle auf meinem Thron sitzen soll, und so will ich es heute wahrmachen.‹ Ich verneigte mich bis zur Erde, warf mich vor ihm nieder und rief: ›*Ewig lebe König David!*‹ Und noch am gleichen Tag wurde Salomo, mein Sohn, durch den Priester Zadok und den Propheten Natan zum König gesalbt.«

Batseba schwieg eine Weile, als habe sie immer noch Mühe, ihre Erregung zu meistern. Dann sagte sie stolz: »Der Ruf des Volkes: ›Es lebe König *Salomo*!‹ und der anschließende Jubel auf den Straßen, das Flötenspiel und die große Freude – *das* waren die Augenblicke in meinem Leben, die mir auf ewig unvergessen geblieben sind. Dass ich meinem Sohn eigenhändig die Königskrone aufs Haupt setzte – *das* war der Sieg und das Ziel meines Lebens.«

»Und Adonija?«, wagte ich zu fragen, »und Haggit, seine unglückliche Mutter?«

»Wer fragt nach den Verlierern, wenn der Sieg endlich errungen ist!«, wehrte sie ungerührt ab.

»Ja, du hast gesiegt, Batseba. Und Haggit hat verloren, denn sie hatte nicht das Glück, von Natan, den man den Weisen nennt, beraten zu werden«, sagte ich, fast gegen meinen Willen.

»Sie war nicht auserwählt«, erwiderte Batseba entschieden, als wollte sie dieses Thema ein für alle Male beenden.

König David war unmittelbar nach der Machtübergabe an seinen Sohn Salomo gestorben. Aber Königin Batseba

lebte. Nun war sie die große Herrin am Hofe ihres Sohnes. Und wer ein Anliegen hatte, der tat gut daran, sich
zunächst an sie, die Königinmutter, zu wenden.

Daran hielt sich auch Adonija, der Verlierer, dessen Rache sie zu fürchten schien; denn als er unerwartet ihr Gemach betrat, fragte sie: »Kommst du in guter Absicht?«
Aber er beruhigte sie und brachte ihr sein Anliegen vor.

Es ging um Abischag aus Schunem, die junge Witwe
des alten Königs. Adonija begehrte sie zur Frau. Er bat
Batseba um ihre Fürsprache beim neuen König.

Wusste sie wirklich nicht, dass Adonija dieser Wunsch
das Leben kosten würde?

Die Szene ist genau überliefert, in der sie, die Königinmutter, vor ihren königlichen Sohn Salomo hintrat, um
mit ihm über Adonija und Abischag zu reden.

Der König erhob sich von seinem Thron, ging ihr entgegen, verneigte sich ehrerbietig vor ihr und ließ einen Thron
für sie an seine rechte Seite stellen. Dann erst brachte sie ihr
Anliegen vor, indem sie sagte: »Man gebe doch Abischag aus
Schunem deinem Bruder Adonija zur Frau.«

Dieser kleine Satz machte mir bewusst, wie klug sie
war. Ich bewunderte ihr diplomatisches Geschick, mit
dem sie die Bitte des Prinzen Adonija vortrug. Kein Wort
davon, dass sie in seinem Auftrag sprach. Als wäre es ihre
eigene Idee gewesen, sagte sie eher beiläufig – sicher hatte
sie zuvor über mancherlei belanglose Dinge mit ihrem
königlichen Sohn geplaudert, etwa über das Wetter in Jerusalem oder über die Ankunft eines ausländischen Ge-
sandten –: »Man gebe doch Abischag aus Schunem deinem Bruder Adonija zur Frau.«

»Man gebe doch ...«, hieß ja nicht viel mehr als: »Eigentlich könnte man ...« Und »Abischag aus Schunem»
sagte sie, nicht »Abischag, die Frau deines verstorbenen
Vaters«, wodurch sie geschickt das Anstößige dieser Angelegenheit überging.

Wirklich, dachte ich, sie hat seine Bitte meisterhaft vorgetragen. Sie sagte: »Deinem Bruder Adonija«, und machte dadurch deutlich, dass es in seiner Hand lag, den Familienfrieden wiederherzustellen, denn Abischag aus Schunem zu bekommen war mehr, als leer auszugehen, nachdem Salomo ihm den Königstitel vor der Nase weggeschnappt hatte. Ob Natan sie wieder beraten hatte? Oder war sie, die Königinmutter, ganz allein darauf gekommen, Adonijas Bitte so diplomatisch vorzutragen?

Aber die klügste Diplomatie half nicht im Spiel um die Königsmacht, im Konkurrenzkampf der beiden Halbbrüder. Wütend herrschte Salomo seine Mutter an: »Warum bittest du für Adonija um Abischag aus Schunem? Fordere doch gleich das Königtum für ihn!«

Nein, der weise Salomo war nicht bereit, in dieser schwierigen Phase der Machtübernahme ein Risiko einzugehen! Schon gar nicht wegen seines Rivalen Adonija.

»Ich wollte seinen Tod nicht«, sagte Batseba, und ich glaubte es ihr. Aber insgeheim stellte ich fest, dass sie anscheinend auch keinen Versuch unternommen hatte, zu verhindern, dass Salomo seinen Bruder Adonija noch am gleichen Tag hinrichten ließ.

Werde ich jemals erfahren, wie sich Batsebas Leben wirklich abgespielt hat? dachte ich und fragte sie: »Wie mächtig oder ohnmächtig bist du wirklich gewesen, Königin?«

»Ich verbrachte mein Leben in der Abgeschiedenheit des Frauenhauses innerhalb des Palastes«, sagte sie und fügte hinzu: »Es war das übliche Leben einer vornehmen Frau der damaligen Zeit.«

Sie konnte nicht erwarten, dass ich es ihr glaubte. Batsebas Leben war verquickt mit dem Leben und Sterben großer Männer in Israel. Da war Urija, der Heerführer, da war David, der König, Natan, der weise Prophet, Adonija, der Thronerbe, Salomo, der neue König. Allen war sie zum Schicksal geworden. Und als Ahnfrau Jesu war sie für immer eine der großen auserwählten Frauen geblieben und also unsterblich.

»Du hattest viele Fäden in der Hand, Batseba!«, stellte ich fest. Worauf sie lächelnd erwiderte: »Ein Frauenhaus hat viele Türen!«, und vor meinen Augen verschwand, als sei eine dieser Türen plötzlich hinter ihr ins Schloss gefallen.

Ich sah mich um und stellte fest, dass inzwischen auch die anderen gegangen sein mussten, denn ich war allein unter der Tamariske im Garten. Nein, nicht ganz allein. Der Engel, mein treuer Begleiter, stand neben mir.

»Nun?«, fragte er.

»Ich bin ihnen begegnet«, sagte ich, »und ich glaube nun, dass es das Gottesvolk ohne seine klugen, mutigen und ungewöhnlichen Frauen nicht gäbe. Sie haben den Männern, die sie vergessen haben, das Leben geschenkt.«

»Wenn ihre Söhne sie vergessen haben, müssen sich die Töchter ihrer erinnern«, sagte der Engel, als wir wieder durch das Tor gingen.

Ich wandte mich um und verschloss es. Und er ließ es geschehen.

2. Samuel 11,1-27; 12,1-25; 1. Könige 1,1-37; 2,13-25; Das Hohe Lied 3,11

Frauen um Jesus

Maria

ie fünfte Frau im Stammbaum Jesu«, erinnerte mich der Engel, »hast du sie vergessen? Sie ist die mächtigste von allen. Sie ist die mächtigste Frau der Welt.«

Erstaunt sah ich ihn an. Die fünfte war Maria, die Gottesmutter. Bei den Frauen im Garten hatte ich sie nicht gesehen, und niemand von ihnen hatte mich auf sie aufmerksam gemacht. Sollte ich ihr wirklich begegnen?

Der Ort, zu dem er mich geleitete, unterschied sich von allen anderen. Es war das erste Mal, dass er mich in einen ummauerten Raum führte. Als die schwere Tür hinter mir ins Schloss fiel, umgab mich plötzlich dumpfe Grabesstille. Nur die Kallablüten, die mir entgegenleuchteten, und das Plätschern der Quelle gaben mir das Gefühl, in einem lebendigen Haus zu sein.

Der Quellblumen-, Schlangenkraut-, Drachenwurzstrauß kam mir vor wie eine Botschaft aus längst vergangener Zeit. Ob die Menschen wissen, warum sie einen Kallastrauß an die Marienquelle stellen? Oder geschieht so etwas unbewusst und zufällig?

Ave Eva, Ave Maria. Ein Kallastrauß für Unsere Liebe Frau. Ebensogut hätten es Rosen oder Lilien oder Myrtenzweige sein können. Alle wären berechtigt, an dieser Quelle zu blühen. Aber es war ein Kallastrauß. Weiße Scheiden und gelbe Kolben, Fruchtbarkeitssymbole am Ort der Verkündigung und der Empfängnis.

Hier, an dieser Quelle, hatte der Engel die junge Frau einst auf das Wunder vorbereitet, das ihr zugedacht war, und hier hatte sie sich in aller Unschuld mit Gott vereint. *Schön ist, was wir sehen, schöner, was wir wissen, über alles schön, was wir nicht fassen.*

Schön bist du, Himmelskönigin, Maria. Warum bist du mir, Göttin auf dem Sichelmond, so spät erschienen? Ich hätte gern in die Lieder eingestimmt, die dir zu Ehren in den Gottesdiensten gesungen werden. Vielleicht wärest du dann auch für mich eine andere gewesen als die Weihnachtsfrau, die auf dem Dachboden verwahrt wird, wenn ich gläubig hätte singen dürfen: *Gegrüßet seist du, Königin, o Maria, erhabene Frau und Herrscherin ...*

Als ich mich über die uralte Quelle beugte und von dem frischen, kühlen Wasser trank, da zweifelte ich für einen wunderbaren Augenblick nicht daran, dass ihr der Engel hier erschienen war. So etwas geschieht. Engel sind uralt und weise, sie sprechen und gebieten, damals wie heute. Sie verkünden das Unausweichliche, dem niemand entkommt. Maria hörte seine Worte, glaubte ihm und ergab sich in ihr gottgegebenes Schicksal. Siehe, eine Jungfrau wurde schwanger und gebar Gott. Wie ein Rausch überkam mich diese Erkenntnis, wie das reine, klare Quellwasser sog ich sie in mich ein.

Aber später, als ihr Sohn ein erwachsener Mann war, verstand sie ihn nicht. Hatte sie vergessen, was Hanna, die weise Mutter, sie im Tempel lehrte, was Simeon zu ihr sagte, der weise Vater, als sie ihm ihren Sohn zum ersten Mal in die Arme legte? Sind ihr die uralten Weissagungen an der Seite ihres Ehemannes allmählich in Vergessenheit geraten? Waren ihre Jungmädchenträume ausgeträumt, als sie das übliche Leben einer Ehefrau und Mutter in Nazareth führte?

Die Quelle schwieg. Die Kallablüten verwelkten.

Ich sah mich suchend um. »Wo bist du, Maria?«, fragte ich in die Stille hinein und hörte nichts als meine eigene Stimme. Aber der Engel stand in der offenen Tür und winkte mir.

Er führte mich in ein anderes Haus, das sich mitten in Jerusalem befand. Da sah ich sie in ihrem Schlafgemach, ausgestreckt auf ihrem Ruhebett, umgeben von Frauen, die ihr huldigten, eine jede auf ihre Art. Ein süßer Duft durchzog den Raum, und Maria, die schlafende Maria, lächelte im Traum.

Vielleicht war das Lächeln, das ich auf ihrem Gesicht zu erkennen glaubte, schuld daran, vielleicht war das Lächeln, das sich im Raum ausbreitete, auch auf meinem Gesicht, die Ursache dafür, dass mir diese schlafende Maria im Herzen Jerusalems plötzlich wie ein Urbild erschien. Wie ein Urbild der Weiblichkeit.

Unendlich viele Jahre hat sie die Zeit verschlafen. Die Dornenhecke wuchs höher und höher. Alle Tore wuchsen zu, und die Rosen betäubten die Gläubigen mit ihrem Duft. Kein Prinz erschien, um sie wachzuküssen. Und so liegt sie immer noch da, regungslos, träumend.

Ich bin so nahe an sie herangetreten, wie es mir möglich war, und habe versucht, mich mit ihr zu verständigen. Aber sie hat mich nicht bemerkt. Meinen Schwestern mag sie vertraut sein; aber mir blieb sie fremd. Ist denn ein Herz verstockt, das nicht an dich glaubt, Maria? Ist denn ein Verstand verwirrt, der dich nicht denken kann?

Ich sagte zu ihr: »Du Göttin der Lilien und Rosen und Kallablüten, du Himmelskönigin mit dem Sternenheer und dem fruchtbaren Mond, Unsere Liebe Frau, wach auf! Maria, in meinem Herzen wach auf, in deiner Kirche, in deiner ganzen Welt, damit wir erkennen, was wir verloren haben.« Aber sie hörte mich nicht.

Ich sagte zu ihr: »Meine Schwestern kennen dich anders, Maria. Sie haben dein *Siehe, hier bin ich!* gehört und deine Prophezeiung, dass die Geringen bedeutender und die Bedeutenden geringer sein werden, damit sie nichts mehr voneinander trennt. So möchte ich dich, Hohe Frau, weise und hellwach, so wie du einmal gewesen bist, und dass du wieder lebendig wärest in jeder von uns.« Aber sie rührte sich nicht.

Ich fragte mich, woher meine Schwestern die Hoffnung nehmen, dass sie, die Göttin des Himmels und der Erde, eines Tages wieder erwachen wird. Sie sagen: »Sie wird sich erheben, aus der Erde hervorbrechen und die Herzen der Menschen zurückerobern. Niemand schläft ewig.«

Nachdem ich sie lange betrachtet hatte, wandte ich mich ab und ließ leise die Tür hinter mir ins Schloss fallen, um sie ja nicht zu erschrecken in ihrem süßen Traum.

Draußen im hellen Tageslicht wartete schon der Engel auf mich.

»Hast du sie gesehen, die mächtigste Frau der Welt?«, fragte er.

»Ja«, antwortete ich. »Ich habe sie gesehen. Sie schläft.«

MATTHÄUS 1,18-25; LUKAS 1,26-38; 46-55

Die Syrophönizierin

anach führte mich der Engel durch eine baumlose und nahezu menschenleere Landschaft. Die kahlen Hügel waren mit weißen Steinbrocken übersät, wie Schafe sahen sie aus. Dazwischen weideten vereinzelt schwarze Ziegen. Wir kamen zu ein paar uralten Olivenbäumen. Sie erschienen mir wie die Überreste einer längst vergangenen Zeit. Rissig, ausgedörrt, verwittert, wie versteinert, gebückt, schicksalsträchtig wuchsen sie der Erde entgegen. Wie alte Menschen. Niemand ist älter als sie, wenn es stimmt, was man über sie erzählt. Nur die Steine, die dort herumliegen, sind älter. Und die Erde, die sie alle geboren hat.

Dort bei diesen uralten Bäumen gedachte ich einer Frau, die vielleicht unter diesen Bäumen mit Jesus geredet hatte.

An einem Apriltag, als das große Frühlingsfest vorbereitet wurde, als sie damit beschäftigt war, die Decken zusammenzulegen, die sie zum Lüften ausgebreitet hatte, fragte ihre Nachbarin sie, ob sie den Juden gesehen habe.

»Es gibt viele Juden, die ich gesehen habe. Von welchem ist jetzt die Rede?«

»Hast du nicht gehört, was sich die Leute erzählen?«, fragte die Nachbarin, »gerade sind sie an deinem Haus vorübergekommen, und du hast sie nicht gesehen? Vielleicht hätte er deine Tochter heilen können?«

Sie begann sich für das Gerede der Nachbarin zu interessieren. »Wer ging an meinem Haus vorüber?«, fragte sie. »Tu mir den Gefallen und sag, was du weißt!«

»Ja, wäre es denn möglich, du hättest nicht von dem Juden gehört, von dem sie sagen, Wunder ereigneten sich, wo immer er sei?«, fragte die Nachbarin erstaunt, »dass er auf dem Wasser des Galiläischen Meeres dahinspaziert ist, hast du auch nicht gehört? Und dass die Menschen gesund werden, sobald sie seine Kleider berühren? Dieser gottgesegnete Mann ist vor weniger als einer Stunde durch das Dorf gegangen, und du weißt es nicht einmal?«

Die Frau stand da, als habe sich die Erde unter ihren Füßen bewegt.

»In welche Richtung ist er gegangen?«, fragte sie.

»Hinunter zum See«, sagte die Nachbarin und fügte hinzu: »Man könnte ihn noch einholen. Er ging mit einigen Frauen und Männern gemächlich die Straße entlang. Sie haben Käse und Feigen beim Händler gekauft. Wahrscheinlich rasten sie im Olivenhain.«

Die Frau überlegte nicht lange. Von solch einer Gelegenheit hatte sie schon oft geträumt, die konnte sie sich nicht entgehen lassen. Sie konnte das Leiden ihrer Tochter nicht länger mit ansehen. Sie brachte die Decken ins Haus, schlang sich ihr frischgewaschenes weißes Tuch um den Kopf und machte sich unverzüglich auf den Weg.

Warm war es heute. Die Kleider klebten ihr am Leib, und ihr Herz klopfte zum Zerspringen. Atemlos hastete sie den Fremden nach. Als sie sich ihnen endlich näherte, rief sie: »He! Hallo!«

Die Wanderer sahen sich um. Einige blieben stehen, andere gingen langsam weiter.

»Erbarmen, Adoni, Erbarmen!«, schrie sie.

Einer sagte verdrießlich: »Hat man denn nirgends Ruhe vor den Leuten?« und sah ihr finster entgegen.

»Meine Tochter, Adoni, wird von einem bösen Dämon gequält«, stieß sie atemlos hervor, als sie die Wandernden eingeholt hatte.

»Ich bin nicht der Meister, gute Frau«, sagte der, an den sie sich gewandt hatte, und verwies sie an Jesus, der weitergegangen war.

Sie ging zu ihm und zupfte ihn am Ärmel. Er drehte sich um und sah sie an. Als sie in seine Augen sah, erkannte sie in ihm, dem wandernden Prediger, den Gesalbten Gottes.

»Kyrie«, schrie sie, »erbarme dich meiner! Meine Tochter wird von einem Dämon gequält!« Aber er ging nicht auf ihre Klage ein.

Da stieß sie einen dieser Klagetriller aus, die einem kalte Schauer über den Rücken jagen. Später wusste sie nicht zu sagen, warum sie geschrien hatte wie ein Klageweib. Mag sein, dass ihr das Elend ihres Kindes zu Kopf gestiegen war, mag sein, dass die plötzliche Erkenntnis ihrer eigenen Qualen ihn ausgelöst hatte. Sie schrie und wusste nicht warum; aber Jesus ging weiter, ohne sich um sie zu kümmern.

Der, den sie zuerst angeredet hatte, stellte sich ihm in den Weg. »Rabbi«, sagte er, »befreie sie doch von ihrer Sorge! Hörst du denn nicht, wie sie schreit? Wir werden sie nicht wieder los, wenn du nichts unternimmst! Hilf ihr doch, damit wir in Ruhe weitergehen können.«

»Das hat nichts damit zu tun, ob ich will oder nicht«, antwortete Jesus. »Sie ist eine syrophönizische Frau, und ich heile grundsätzlich keine Fremden. Ich bin nur für die verlorenen Schafe Israels verantwortlich.«

Sie hatte seine Worte gehört. »Hilf mir trotzdem, du Gesalbter!«, schrie sie.

»Es ist nicht recht, das Brot den Kindern wegzunehmen und den Hunden vorzuwerfen«, erwiderte Jesus ungerührt.

Sie zuckte zusammen. Seine harten Worte trafen sie wie Peitschenhiebe. Schlagartig wurde ihr bewusst, dass sie wirklich um Gnade gewinselt hatte wie eine Hündin. Sie richtete sich auf, zog ihr Tuch zurecht und sagte leise, aber deutlich mit fester Stimme: »Ja, du Gesalbter Gottes, so ist es. Aber selbst ein Hund bekommt die Brotreste, die vom Tisch seines Herrn fallen.«

Da blieb Jesus stehen und sah sie aufmerksam an. Seine Begleiter starrten sie beide an. Niemand mischte sich ein. Sie schlug die Augen nicht nieder, sondern sah ihm ins Gesicht. Nach einigen Augenblicken, die den anderen viel länger vorkamen, als sie wirklich gewesen sein konnten, verneigte Jesus sich vor ihr und sagte:

»Frau, dein Glaube ist sehr stark. Dein Wille geschehe.«

Sie erwiderte nichts, verneigte sich aber stumm vor ihm, wandte sich um und ging langsam den Weg zurück.

Es war der gleiche Weg, den sie gekommen war; aber alles schien verändert zu sein. Sie ließ sich Zeit, blieb stehen und sah einem Schmetterling zu, der sich auf einem blühenden Mimosenzweig niederließ. Wie eine Raupe, dachte sie, wie eine Puppe, wie in einem Kokon habe ich gelebt. Ja, ich habe die Kraft gespürt, lange bevor ich meine Flügel bewegen konnte. Ich fühlte, dass ich gar nicht so klein, so hilflos, so demütig war, wie ich mich gab. Ich habe die Rolle nicht schlecht gespielt, die man von mir erwartete. Ich habe geschrien und gejammert nach Frauenart. Ich habe mich gedemütigt vor dem Mann und mich vor ihm auf die Erde geworfen. Wie eine Hündin habe ich mich benommen, gewinselt und um Gnade gefleht. Nicht für mich, nein, nicht für mich. Ich habe für mein Kind gefleht, wie es sich für eine Frau, die eine Mutter ist, gehört.

Aber dann, was geschah dann? Was hat die Hülle zerrissen, die dich gefangen gehalten hat? Wie kam es, dass aus dir, der Unbedeutenden, der Sklavin, der Dienerin, der ganz und gar abhängigen Frau, plötzlich ein gleichberechtigter Mensch wurde, eine Partnerin? Was ist denn geschehen?

Der Gesalbte hatte es abgelehnt, sich auf ihre Selbsterniedrigung einzulassen. Er behandelte sie so, wie sie sich selbst verhalten hatte. Er hielt ihr einen Spiegel vor, und sie hatte sich darin erkannt. Sie hatte ihn verstanden, als er sagte:

»Du benimmst dich wie eine bettelnde Hündin, also behandele ich dich auch wie eine bettelnde Hündin. Du bekommst einen Fußtritt und bist still.«

Sie hatte sich im Spiegel seiner Augen selbst gesehen, und etwas war plötzlich in ihr entzweigerissen. Sie erkannte, dass sie ein heiler gesunder Mensch war mit einem gesunden Menschenverstand, sich aber verhalten hatte, als wäre sie ein winselndes Tier. Im Bruchteil eines Augenblickes wurde ihr bewusst, dass sie das Recht hate, sich wie ein Mensch zu verhalten und wie eine Erwachsene zu handeln. Als wäre sie blind gewesen und könnte nun sehen, so sicher fand sie sich plötzlich zurecht.

Der Rabbi war ihr keinen einzigen Schritt entgegengekommen. Er hatte ihr nicht geholfen. Wahrhaftig, er hatte es ihr nicht leicht gemacht! Es war ein harter Kampf und ein schwer errungener Sieg. Es war ihr Kampf, und es wäre ihre Niederlage gewesen. Aber nun war es ihr Sieg geworden. »Dein Glaube ist sehr stark, Frau!« hatte er gesagt. »Was du willst, wird geschehen.«

Seine Worte waren der Sonnenstrahl, der auf die Flügel eines soeben geschlüpften Schmetterlings fiel. Nun konnte sie fliegen. Das Unverständnis der Leute im Dorf, ihre Missgunst und ihr Gerede würden ihr nichts anhaben können. Die missbilligenden Blicke würde sie tragen, wie ein Schmetterling den morgendlichen Tau erträgt. Eine Frau war geboren, eine Herrin ihrer selbst. Das hündische Verhalten, das ihr nichts als Verachtung eingebracht hatte, hatte sie abgelegt. Sie würde es nicht an ihre Tochter weitergeben. Der Dämon war besiegt. Ihre Tochter würde das Leben einer Freien führen.

Dort bei den uralten Bäumen erinnerte ich mich an diese Frau, die Jesus um Hilfe bat und mehr bekam als eine vorübergehende Erleichterung. Unter Schmerzen wurde sie neu geboren.

Mag sie in jener Gegend gewohnt haben oder nicht, sie lebt.

MATTHÄUS 15,21-28

Salome

eit jenen schrecklichen Tagen, die der Hinrichtung des Täufers folgten, seitdem sie Jerusalem verlassen musste und der gute Philippus sie zur Frau nahm, hielt Salome sich oft bei den Jordanquellen auf. Manchmal tauchte sie die Hände in das sprudelnde Wasser, das dort aus der Erde hervorbricht. Ihr war dann, als würden sie rein gewaschen.

Einmal, als sie wieder den Weg zur Quellgrotte hinunterging, hörte sie Stimmen in der Nähe. Wanderer hatten sich eingefunden. Sie würden sicher bald weitergehen. Salome lehnte sich an den Stamm eines Feigenbaumes und wartete.

Die fremden Stimmen riefen gute Erinnerungen in ihr wach. Aramäisch war die Sprache ihrer alten Kinderfrau gewesen. Unwillkürlich lauschte sie.

»Für wen halten mich die Leute?«, fragte einer der Fremden.

»Sie halten dich für Johannes den Täufer«, erwiderte jemand.

Salome erschrak.

»Nein«, widersprach ein anderer, »sie halten dich für Elija.«

»Ich habe gehört, wie sie behaupteten: ›Er ist Jeremia‹«, sagte ein dritter.

»Es ist doch egal, ob Elija oder Jeremia, jedenfalls halten sie dich für die Inkarnation eines unserer Propheten.«

Salome beugte sich ein wenig vor, um ihre Gesichter sehen zu können. Jetzt sah sie den Mann, über den sich anscheinend viele Menschen Gedanken machten. Er stocherte im Feuer, über dem sie ihre Fladenbrote backten.

»Und ihr?«, fragte er. »Für wen haltet ihr mich?«

Einen Moment schwiegen sie; aber dann erklärte einer laut und bestimmt: »Du bist der Messias.«

Wieder erschrak Salome. Wie konnte der Mensch es wagen, solch eine Behauptung laut auszusprechen! Wusste er denn nichts von dem Pogrom in Jerusalem, von den Auseinandersetzungen auf dem Tempelberg? Jeder Jude, der des Widerstands verdächtigt wurde, war ein Todeskandidat! Wusste er denn nicht, dass es einen *Messias* nicht geben durfte? Der Kaiser beherrschte die Welt und sonst niemand, und Herodes Antipas herrschte in Jerusalem und in ganz Judäa und wachte eifersüchtig über seine Macht. Er verteidigte sie mit allen Mitteln, und notfalls ging er über Leichen, das hatte er oft genug bewiesen.

Sicher, hier in der Tetrarchie ihres gütigen Ehemannes konnten sich die fremden Wanderer einigermaßen sicher fühlen. Aber solange ihr Stiefvater von Jerusalem aus die aufsässigen Juden verfolgte, waren sie nirgendwo sicher vor Verrat. *Du bist der Messias!* Sie konnte es nicht fassen, dass die Leute solche Gerüchte in die Welt setzten. Die Quelle speist den Jordan, der durchzieht das ganze Land. Wussten sie nicht, wie rasch sich Geheimnisse verbreiten? Wie unvernünftig sind diese Leute, dachte Salome, dass sie sich durch solch unbedachtes Reden in Lebensgefahr bringen.

Sie sah sich die Fremden genauer an. Nein, sagte sie sich, der Messias sieht anders aus. Aber mit Sicherheit konnte das natürlich niemand wissen. Von alters her hatten sich die Götter unerkannt unter die Menschen gemischt, warum sollten sie es nicht wieder tun?

Als habe sie jemand an die Hand genommen, so unvermutet verließ sie plötzlich ihr Versteck und ging auf die Fremden zu. Die erhoben sich ehrerbietig vor der vornehmen jungen Dame und begrüßten sie höflich.

»Ich habe euer Gespräch zufällig mit angehört«, sagte sie. »Ich werde euch nicht verraten. Aber ich wundere mich über eure Unvorsichtigkeit.«

Einer von ihnen sagte: »Es ist richtig, wir sind unvorsichtig gewesen. Aber es lässt sich nicht vermeiden, dass es sich herumspricht; denn jetzt ist die Zeit des Messias. Die Juden sehnen sich nach ihrem Erlöser.«

Zustimmendes Nicken von allen Seiten.

»Aber sie machen sich falsche Hoffnungen, wenn sie glauben, dass er ihnen von Gott gesandt wird, um sich gegen die Römer zur Wehr zu setzen«, erklärte er. »Der, den sie erwarten, wird nicht kommen.«

Salome war beeindruckt von diesem Mann, der so sicher redete und so deutliche Worte fand. Er schien in die Zukunft sehen zu können. War er also doch ein Prophet?

»Ja, ich weiß, wie es kommen wird«, sagte er nachdenklich. »Sie werden den von Gott erwählten Retter nicht akzeptieren. Sie werden ihn mundtot machen, weil er nicht in ihr Konzept passt, weil er sich nicht vor ihren Karren spannen lässt. Sie werden ihn umbringen, weil er sich ihren Ansprüchen entzieht, weil er ganz anders ist, als sie ihn sich vorstellen.«

Seine Freunde starrten ihn erschrocken an.

»Ja«, wiederholte er, »sie werden ihn ermorden, wie sie alle ermorden, die unbequem und anders sind. Aber es wird ihnen nichts nützen. Glaubt mir, sie können mich nicht beseitigen; denn ich bin von Gott in die Welt gesandt und bin lebendig von Ewigkeit zu Ewigkeit.«

Salome dachte, seine Widersacher werden kein leichtes Spiel mit ihm haben. Der weiß, was er will. Zugleich zog sich ihr Herz in tiefem Mitgefühl zusammen; denn sie erkannte die Ausweglosigkeit seiner Lage. Niemand wird dir helfen, dachte sie, du wirst zwar deinen Weg unbeirrt gehen, aber am Ende wird niemand bei dir bleiben.

Er sah sie freundlich an. »Einige von euch werden dabei sein, wenn sich das Reich Gottes zu verwirklichen beginnt«, sagte er, als habe er in ihren Gedanken gelesen.

Warst du dabei, Salome? Bist du ihm nachgefolgt wie andere vornehme Frauen? Wie Maria aus Magdala oder Johanna, die Frau des Chuza, oder Susanna?

Als sich am Ende alles erfüllte, was Jesus vorausgesagt hatte, als Petrus und die anderen Freunde entsetzt davonliefen, da waren seine Freundinnen bei ihm geblieben. Auf dem Galgenberg standen Maria aus Magdala, Maria, die Mutter von Jakobus, dem Kleinen, und Joses, und Salome unter dem Kreuz. Und früh am Ostermorgen gingen sie zum Grab, um Jesus den letzten Liebesdienst zu erweisen und seinen geschundenen Körper einzubalsamieren.

Wie die anderen Frauen hörte auch Salome die Botschaft des Engels in der leeren Grabkammer und seinen Auftrag, den Jüngern die frohe Osterbotschaft zu verkündigen.

Aber sie erschrak vor dem Engel und schwieg.

Erinnere dich an die Quelle, Salome, rede! Sieh, wie das Land dürstet, wenn das Wasser im Jordan versiegt! Rede und schweige nicht! Wovor fürchtest du dich? Vor dem, der durch den Tod gegangen ist? Fürchtest du dich etwa vor seinen Freunden?

Siehst du, du lachst.

MARKUS 8,27-33; 9,1; 15,40-41; JOHANNES 16,1-8

Die Gekrümmte

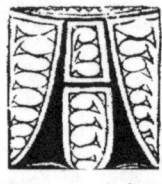n einem ruhigen, verschlafenen Sabbattag kamen wir abseits der großen Straße in ein ebenso ruhiges, verschlafenes Dorf, dessen Namen ich vergessen habe. Der Engel erzählte mir, dass hier einmal ein Heilungswunder geschehen sei, von dem immer noch geredet würde.

Während wir darauf warteten, dass der Wirt des einzigen Gasthauses im Dorf seinen Mittagsschlaf beendete und seine Schankstube öffnete, schlenderten wir durch die menschenleeren Straßen. Die einzige offene Tür war die der kleinen Synagoge. Wir gingen hinein und sahen uns um.

In dem schmucklosen Saal gab es aber nichts zu bestaunen, weder Wandgemälde noch Schnitzereien. Es gab auch keinen golddurchwirkten Vorhang vor dem Thoraschrein. Nicht einmal für eine Menora hatte es gereicht. Der Stuhl des Mose war ein ebenso schlichter steinerner Sitz wie die Bänke, die rings an den Wänden entlangliefen. Die Sitzmatten auf dem Fußboden waren teilweise zerschlissen, über die abgeschabtesten Stellen hatte man andere gelegt, denen man ihr Alter aber auch ansah.

Der Engel machte mich darauf aufmerksam, dass das Aufsehen erregende Heilungswunder hier, in diesem unscheinbaren Gemäuer geschehen war.

»Es war eines jener Ereignisse, von dem die Welt bis heute spricht«, sagte er.

Natürlich bat ich ihn, mir von diesem weltbewegenden Ereignis zu erzählen. Er setzte sich auf die Bank neben der Eingangstür, lehnte seinen Wanderstab gegen die Mauer und deutete auf den Platz neben sich.

»Hier auf diesem Platz hat sie gesessen«, sagte er.

Und während er von ihr erzählte, sah ich sie, die gekrümmte Frau neben der Tür, den Blick schüchtern gesenkt, ganz unscheinbar und still. Neben ihr an der Wand lehnte der Stock, auf den sie sich stützte, wenn sie mühsam die wenigen Schritte von ihrem Haus hierher humpelte. Sie wirkte alt und schwach und beschränkt.

Der Wirt, ihr Vater, hatte Jesus am Vorabend erzählt, dass ihr schweres Leiden vor achtzehn Jahren begann. Mit zwanzig sei es bereits nicht mehr zu verbergen gewesen; danach habe es sich so sehr verschlimmert, dass sie sich nun, gerade dreißigjährig, kaum noch ohne fremde Hilfe fortbewegen könne.

»Bevor der Dämon sich über sie hergemacht hat, war sie ein gewandtes, unternehmungslustiges hübsches Mädchen, eine Herumtreiberin, wie die Nachbarn sagten. Ich habe sie meine kleine Wildkatze genannt«, sagte ihr Vater. Er war sehr stolz auf seine Tochter gewesen.

»Sie war überzeugt, eines Tages wie ihr Bruder nach Ägypten reisen zu können. Einmal dachte sie sich aus, dass sie wie der Sohn der Nachbarin als Karawanenführer von einer Karawanserei zur nächsten ziehen wollte. Stets würde sie die seichtesten Furten und die kürzesten Wege von einer Stadt zur anderen finden. Wahrhaftig«, seufzte er, »ich habe meinen Spaß an der Kleinen gehabt.«

Sie selbst erzählte nach der denkwürdigen Sabbatfeier, dass sich ihr Leben grundlegend zu ändern begann, nachdem ihr Vater ihr von heute auf morgen untersagt hatte, weiterhin mit den Jungen herumzutoben, und von ihr verlangte, sich wie die zukünftige Frau eines achtbaren Mannes zu benehmen. Das habe bedeutet: kein lautes Re-

den auf der Straße, nicht unaufgefordert mit den Gästen
zu sprechen, sich im Haus nützlich zu machen, anstatt im
Olivenhain herumzuträumen, überhaupt zu begreifen,
dass das Leben einer jungen Frau ein anderes Leben ist als
das eines jungen Mannes.

»Und ich habe mich gefügt«, sagte sie. »Schließlich fing
ich sogar an, mich danach zu sehnen, eine verheiratete
Frau zu sein. Ich stellte mir vor, alles andere müsste er-
träglicher sein, als im Haus herumzusitzen und auf das
große, einmalige Ereignis meiner Hochzeit zu warten.«

Ihre kindlichen Vorstellungen vom Leben einer verhei-
rateten Frau hatten der Wirklichkeit leider nicht standge-
halten. Die Wirklichkeit war, dass sie in fünfzehn Ehejah-
ren zehnmal schwanger wurde und keines der Abenteuer
erlebte, von denen sie damals träumte. Nicht einmal zu
der Wallfahrt nach Jerusalem, von der jahrein, jahraus die
Rede war, hatte es bis jetzt gereicht.

Einmal war ein fremder Rabbi in das Dorf gekommen
und hatte herausgefunden, dass sie irgendeine Schuld mit
sich herumtrug, durch die ihr Rücken allmählich gebeugt
wurde. Er sagte, sie sei von einem Dämon besessen, und
bot sich an, ihn zu vertreiben.

Seitdem er eine gründliche Austreibungsprozedur an
ihr vorgenommen hatte, schien aber etwas in ihr zerbrochen zu sein. Sie verspannte und verkrümmte sich mehr
und mehr, wagte sich kaum noch aus dem Haus und
wurde allmählich menschenscheu, ja sie mied die Blicke
der Menschen. Von einer Frau, die sich sichtbar im Bann
böser Mächte befindet, erwartet niemand, dass sie den
Menschen in die Augen sieht.

An jenem Sabbat, an dem sich das Wunder ereignete,
war sie wie gewohnt die wenigen Schritte zur Synagoge
gegangen. Alle nahmen ihre Sitzplätze ein: die Ältesten
neben dem Lesepult, die übrigen Männer im Mittelteil,
die Frauen entlang den Wänden, die Gekrümmte neben

der Eingangstür. Der Synagogenvorsteher eröffnete die Sabbatfeier und übergab den Psalter an den fremden Rabbi.

Als Jesus die Psalmworte las:

> *Herr, strafe mich nicht mit deinem Zorn,*
> *und züchtige mich nicht in deinem Grimm!*«

da hörte man deutlich ein unterdrücktes Seufzen aus den Frauenbänken.

> *Deine Pfeile haben mich getroffen,*
> *deine Hand lastet schwer auf mir.*
> *Nichts blieb gesund an meinem Leib,*
> *weil du mir grollst; weil ich gesündigt habe,*
> *blieb an meinem Leib nichts heil.*«

Das Seufzen wurde zum Wimmern, und alle sahen sich nach der Gekrümmten um.

Der Rabbi las weiter:

> *Meine Sünden schlagen mir über dem Kopf zusammen,*
> *sie erdrücken mich wie eine schwere Last.*
> *Ich bin gekrümmt und tief gebeugt,*
> *den ganzen Tag gehe ich traurig einher.*
> *Kraftlos bin ich und ganz zerschlagen,*
> *ich schreie in der Qual meines Herzens.*
> *Ich bin dem Fallen nahe,*
> * mein Leid steht mir immer vor Augen.*
> *Verlass mich nicht, bleib nicht fern, mein Gott!*
> *Eile mir zu Hilfe, Herr, du mein Heiland.*«
>
> PSALM 38 IN AUSZÜGEN

Die Gekrümmte rührte sich nicht. Sie seufzte und wimmerte nicht mehr. Stumm und tief gebeugt saß sie da.

Jesus legte die Schriftrolle auf das Lesepult und sah aufmerksam in die Richtung, aus der die jammervollen
Laute gekommen waren. Er sah sie dasitzen in ihrer hilflosen Verlegenheit und ließ sie nicht aus den Augen. Er
beachtete weder die verwunderten Blicke noch die peinli-
chen Empfindungen, die sich spürbar im Raum verbreiteten, während er darauf wartete, dass sie ihn ansah. Aber
sie konnte es nicht.

Als sich der Synagogenvorsteher räusperte, um das an-
gespannte Schweigen zu unterbrechen, forderte der Rabbi
die Frau auf, zu ihm zu kommen.

Wie ein Ruck ging es durch die Versammlung. Alle
drehten sich nach ihr um. Was sollte das bedeuten? Das
gehörte doch nicht in die Liturgie einer Sabbatfeier?

Aber die Frau hatte sich bereits von ihrem Platz erhoben und ging klein und gebückt mühsam die wenigen
Schritte nach vorn. Er reichte ihr die Hand, um ihr auf
den erhöhten Platz zu helfen. Als sie unmittelbar vor ihm
stand, näher, als es sich für einen Mann und eine Frau in
der Öffentlichkeit schickt, sagte er mit fester Stimme in
die atemlose Stille hinein: »Frau, du bist von deinem Leiden erlöst.« Nicht mehr und nicht weniger. Dabei legte er
ihr seine Hände auf den Kopf und auf die Schulter.

Und unter diesen Händen richtete sie sich auf. Wie
eine Blume, die nahe am Verdursten war und sich unter
dem erlösenden Regen wieder aufrichtet, so erhob sich
ihr Kopf, so streckte sich der Rücken der elend ver-
krümmten Frau.

Alle starrten auf sie, die die Welt um sich her vergessen
zu haben schien. Sie sahen das Leuchten in ihren Augen, als
sie sich ihnen langsam zuwandte, einen Platz in der Synagoge einnehmend, der ihr nicht zustand. Sie starrten sie an
und konnten es nicht fassen, dass sie, die Gekrümmte, eine
Frau, es wagte, ihre Hände auszubreiten, aufrecht dazustehen und ohne Scheu, mit lauter Stimme zu bekennen:

Meine Seele ist entronnen
wie ein Vogel dem Netz des Vogelfängers:
Das Netz ist zerrissen, und ich bin frei!
Ich danke dir, mein Gott, von ganzem Herzen!
Ich will dich loben mein Leben lang
und meine Hände in deinem Namen aufheben.
Du bist meine Errettung,
und unter dem Schatten deiner Flügel frohlocke ich.

PSALM 124,7; 63,5.8

Sie stand da wie verklärt, wie über sich hinausgewachsen, sicher, stark, selbstbewusst, eine neue Frau. Sie war so vollständig verwandelt, dass sogar der Synagogenvorsteher eine ehrerbietige Haltung einnahm. Als sie sich dann vor dem Rabbi verneigte, hatte diese Gebärde nichts mit ihrer bisherigen gekrümmten Haltung zu tun. Wie eine Freie, wie eine Ebenbürtige neigte sie sich vor ihm, der ihr noch einmal segnend die Hände entgegenhielt.

Dann ging sie aufrecht, still und strahlend die Stufen hinab, durchquerte unangefochten den Mittelraum, öffnete die Tür und stand da wie eine Träumende. Wie ein Vogel, der in der offenen Käfigtür einen Augenblick verharrt, bevor er sich in die Luft schwingt, wie eine, die geht, um nicht wiederzukommen, so überschritt sie, die vormals Gekrümmte, aufrecht und sicher die Schwelle in ihr neues Leben.

Nachdem die Tür ins Schloss gefallen war, machte sich zunächst ein erschrockenes Schweigen breit. Aber dann redeten plötzlich alle durcheinander. Einige waren aufgesprungen und priesen Gott für das Wunder, das sich vor ihren Augen ereignet hatte. Andere wollten ihr nachgehen und standen schon in der Tür, als der Synagogenvorsteher sich erhob und für Ruhe sorgte. Er forderte die Gemeinde auf, die Plätze wieder einzunehmen, und befahl dem Synagogendiener, die Tür zu schließen.

Aus seiner Empörung über das Verhalten des Rabbi machte er keinen Hehl. Was fiel ihm ein, dem Fremden, dem er Gastrecht gewährt hatte! Wie konnte er es wagen, sich ungefragt in ihre dörflichen Angelegenheiten einzumischen und die Gemeinde zu beunruhigen! Er hatte sich an die heiligen Regeln zu halten und sich nicht selbstherrlich aufzuspielen, als wäre er der Oberpriester! Ohne zu fragen oder sich mit ihm, dem Vorsteher, abzusprechen, musste er doch nicht ausgerechnet hier, in seiner Synagoge, die Ehrfurcht und Achtung vor der überlieferten Tradition vergessen!

Auch über die Frau war er empört. Unglaublich, was die sich herausgenommen hatte! Niemals zuvor hatte eine Frau in einer Versammlung, der er vorstand, den Psalter gelesen. Und nun stellte diese sich vor die Gemeinde, ohne ihn um Erlaubnis gefragt zu haben, und pries Gott! Und in welcher Haltung sie das getan hatte! Durfte ein Mensch so mit Gott reden? Und gar eine Frau? Das ganze Gebäude geriet ins Wanken, wenn das Fundament beschädigt wird, und das Fundament war und blieb das heilige Gesetz Gottes. *Du sollst den Feiertag heiligen,* forderte Gott, du sollst ihn nicht entweihen, indem du Unruhe verbreitest und am Sabbat arbeitest!

»Sechs Tage sind zum Arbeiten da!«, rief er der Gemeinde zu, »kommt also in der Woche, wenn ihr etwas wollt, nicht am Sabbat!«

Die Leute sahen ihn verwundert an. Sie glaubten, nicht richtig gehört zu haben. Waren sie etwa in die Synagoge gekommen, um sich heilen zu lassen? Sie waren doch allesamt gehorsame, friedliche Menschen, warum fuhr er sie denn so unbeherrscht an?

Aber niemand wagte, ihm zu widersprechen. Und die Ältesten gaben ihm sogar recht. Jawohl, sie waren zufrieden mit ihrem Vorsteher, der nichts durchgehen ließ, was dem Ruf der Synagoge schaden könnte. Sie waren ihm dankbar für seine Worte. Wo käme man denn hin, wenn jeder machen könnte, was er will, wenn es keine Ordnung mehr gäbe in der Gemeinde? Sie räusperten sich und blickten streng auf die Versammlung, so dass schließlich alle die Köpfe senkten und betreten dasaßen.

Wahrhaftig, für einen Augenblick hatten sie vergessen, dass der Sabbat seine eigenen Gesetze hat! Möge Gott uns unsere Begeisterung über das Wunder verzeihen, das sich mitten unter uns ereignet hat, dachten sie reumütig und schwiegen.

Der Rabbi reagierte anders auf die Zurechtweisung des Vorstehers und auf die zornigen Blicke der Ältesten. Anstatt sich bei ihnen zu entschuldigen, wie man es erwarten konnte, fuhr er sie entrüstet an.

»Ihr Heuchler!«, sagte er, »bindet nicht jeder von euch am Sabbat seinen Ochsen oder Esel von der Krippe los und führt ihn zur Tränke? Diese Tochter Abrahams aber, die der Satan schon seit achtzehn Jahren gefesselt hielt, sollte am Sabbat nicht davon befreit werden dürfen?« In seiner Stimme war nichts mehr von der Wärme, mit der er die Frau angesprochen hatte.

Die Gemeinde saß regungslos da, wie erstarrt. Der Vorsteher und die Ältesten sahen ihn sprachlos an. Was nahm sich dieser Mensch heraus? Wie hatte er sie genannt? Heuchler? Wahrhaftig, Heuchler hatte sie dieser Fremde genannt! Kannte er die Gebote Gottes etwa besser als sie? Oder kannte er sie überhaupt nicht? Waren sie am Ende einem Schwindler aufgesessen?

Diese Sorge war aber unbegründet; denn der fremde Rabbi kannte sich sehr gut in den Gesetzen aus. Er wusste, dass selbst das Sabbatgebot Lücken hat, Schlupflöcher sozusagen, ohne die bekanntlich niemand auskommt. Schon mit dem einleuchtenden Beispiel ihrer durstigen Ochsen und Esel hatte er ihre Argumente gründlich widerlegt; denn jedes Kind wusste, dass es selbstverständlich war, die Haustiere am Sabbat anständig zu behandeln. Nein, niemand würde wegen des Sabbatgebotes seine Fürsorgepflicht vernachlässigen, darin mussten sie ihm zustimmen. Aber es verschlug ihnen die Sprache, dass er das Leiden einer Frau und den Durst der angebundenen Kreatur in einem Atemzug nannte und sie, die Gerechten, mit seinen Worten ins Unrecht setzte.

Aber wie gut hat er alles verstanden! Ja, er befreite sie von ihren Ketten, die sie in ihrem engen Frauendasein zu Boden zogen, bis sie schließlich vergessen hatte, dass sie ein Mensch ist, eine nach Gottes Ebenbild geschaffene Frau mit eigener Verantwortung, mit aufrechtem Gang, mit geistigen Gaben und Aufgaben, und kein Haustier, das auf allen Vieren geht, das abhängig ist von den Launen der Menschen, und sein Leben lang zu dienen und zu gehorchen hat.

»Du bist frei!«, sagte er, und sie hat es geglaubt.

Der versammelten Gemeinde machte er den Unterschied zwischen ihren Ochsen und Eseln und dieser Frau deutlich, indem er sie eine *Tochter Abrahams* nannte.

Er sagte ihnen damit: »Diese Frau ist euch gleichberechtigt in allen Dingen. Aber anstatt sie wie eure Schwester zu behandeln und euch von Herzen mit ihr darüber zu freuen, dass sie es endlich wagt, den Kopf zu heben, wie es einem erwachsenen Menschen zusteht, aufrecht zu gehen und mit lauter Stimme Gott zu preisen in der Versammlung, wie es einer Tochter und Erbin im Haus ihres Vaters angemessen ist, anstatt in ihren Jubel einzustimmen, fühlt ihr euch übergangen und gekränkt.

Habt ihr denn nicht gesehen, wie krumm und gebückt sie war? Oder habt ihr euch etwa schon so an ihren erbarmungswürdigen Anblick gewöhnt, dass ihr gar nicht mehr gemerkt habt, wie schwer sie an ihrem Los zu tragen hatte, wie tief die satanischen Fesseln sie zu Boden drückten? Wisst ihr denn überhaupt, ihr Autoritätspersonen, wie einem Menschen zumute ist, der wie ein Haustier behandelt wird? Ja, schlimmer noch, dem man nicht einmal das Lebensnotwendige lässt, nämlich sich an der Quelle des Lebens sattzutrinken!

Ein Menschenleben lang hat diese Frau in unwürdiger Abhängigkeit leben müssen, und nun wurde sie für eure Begriffe einen Tag zu früh befreit. Habt ihr denn nicht gehört, dass sie Gott gepriesen hat? Wollt ihr etwa Gott verbieten, gnädig zu sein – ob am Sabbat oder irgendwann in der Woche?

Ach, ihr Heuchler! Freut euch doch mit ihr, anstatt an mir Kritik zu üben! Ich gehe weiter. Mir macht es nichts aus, wenn ihr schlecht von mir redet. Aber wenn ihr wollt, dass diese Frau bei euch und in ihrer Familie bleibt, dann seid freundlich zu ihr! Legt ihr nicht gleich wieder neue Fesseln an. Unterstützt sie. Lasst sie nicht allein. Macht ihr Mut, bestärkt sie in ihrem Aufrechtgehen. Und wehe euch, ihr Gläubigen, wenn ihr sie ausschließt aus eurer Gemeinschaft!«

Nach dieser Rede wussten der Synagogenvorsteher und die Ältesten nicht, wohin sie blicken sollten. Die Gemeinde war auf der Seite des Rabbi, das war nicht zu übersehen. Es fehlte nur noch, dass sie ihm applaudierten! Aber solch ein Verhalten im Gotteshaus war ihnen dann doch wohl nicht zuzutrauen. Insgeheim gaben sie ihm vielleicht sogar recht. Sie wussten gar nicht mehr, was eigentlich in sie gefahren war, dass sie anderer Meinung über diese Heilung gewesen sein konnten als er.

Der Vorsteher sagte, natürlich freue er sich für die Frau; aber es gebe auch Grenzen der Mitmenschlichkeit, und er habe doch nur seine Pflicht getan, als er nachdrücklich auf das heilige Gebot Gottes hingewiesen habe. Wenn er seine Aufgaben als Synagogenvorsteher nicht ernst nehme, könne ihm das genauso nachteilig ausgelegt werden.

»Ich habe doch nichts gegen die Frau«, sagte er begütigend, »aber Gottes Gebote sind für mich bindender als alles andere. Und für mein Empfinden war es eindeutig auf meiner Seite. Aber nun tut es mir leid, dass ich so missverstanden worden bin, und ich bitte um Entschuldigung.«

Es war ihm anzumerken, dass er hoffte, durch diese Worte sein Gesicht gewahrt zu haben. Ein Seitenblick auf die Ältesten zeigte ihm aber, dass sie doch weniger verständnisvoll wirkten als vielmehr peinlich berührt. Er verschaffte sich einen einigermaßen guten Abgang, indem er den Gottesdienst offiziell beendete und die Gemeinde mit dem Segensgruß entließ.

Draußen hatte sich das ganze Dorf versammelt; denn in Windeseile sprach es sich herum, was geschehen war. Als der Rabbi in der Tür erschien, empfingen ihn die Leute mit lautem Jubel. Alle wollten ihm die Hand reichen, alle wollten ihn berühren, alle ihn in ihr Haus einladen. Das allgemeine Durcheinander war so groß, dass von dem Verhalten des Vorstehers und der Ältesten überhaupt nicht mehr die Rede war.

Als der Engel diese wunderbare Geschichte zu Ende erzählt hatte, rieb ich mir die Augen und erwachte wie aus einem Traum. Ich meinte, es sei ihr Stab, der an der Mauer lehnte, und ich hatte die schlurfenden Schritte und das aufgeregte Geraschel noch im Ohr, als wir schon aus der dumpfen Synagoge in den heißen, trockenen Tag hinausgingen. Kein Wunder, dachte ich, dass man diese Geschichte immer noch erzählt, und freute mich von Herzen für sie, dass sie von ihrem Leiden erlöst worden war, damals, als Jesus sich zufällig an einem Sabbattag in ihrem Dorf aufgehalten hatte.

Das Wirtshaus war immer noch verschlossen. Weil wir dem Wirt die ausgedehnte Mittagsruhe nicht verderben wollten, beschlossen wir, gleich weiterzugehen. So kam es, dass wir das Dorf genauso unbemerkt verließen wie wir gekommen waren.

Vergeblich sah ich mich nach Frauen um. Auf einer Wäscheleine flatterte ein buntes Tuch, und auf einem Fensterbrett blühten Blumen, daraus schloss ich, dass es sie hier geben musste, Hausfrauen, Abrahams geduldige Töchter.

LUKAS 13,10-17

Die Schwiegermutter des Petrus

Da waren die Ausgrabungen, die schwarzen Steine, die uralten Fundamente der kleinen Häuser, die Überreste der großen Synagoge aus der Zeit Jesu, da waren die prächtigen, leuchtend lila Blüten der Bougainvillea, die sich über das Eingangstor und über die Bäume hergemacht hatten und mir in ihrer unglaublichen Farbenpracht entgegenleuchteten, und da war der See, dessen Ufer von kleinen aufgeregten Wellen umspült wurde.

Irgendetwas erinnerte mich in Kapernaum an eine Frau, die ich vor Jahren in Norwegen kennen gelernt hatte. Seitdem ich ihr zum ersten Mal begegnet war, nannte ich sie die Fischfrau, weil sie damit beschäftigt gewesen war, Lachse auszunehmen und zu zerteilen. Ihr Schwiegersohn hatte sie im Fjord gefangen.

Während ich auf den See Genezaret hinaussah, hatte ich dieses Bild vor Augen: Eine ältere, stattliche Frau steht unter dem überhängenden Dach eines Holzhauses. Sie trägt ein ärmelloses, bunt geblümtes Sommerkleid und einen Strohhut, ihre Füße stecken in Holzsandalen. Vor sich auf dem groben, nassen Holztisch liegen die mächtigen Fische, denen sie mit einem großen Messer zu Leibe geht. In ihrem Rücken die Wiese, die Felsen, der See. Darüber der helle Sommerhimmel und die brennende Julisonne.

Ich fragte die Fischfrau, ob sie mir etwas von ihrem Fang verkaufen würde, aber sie schüttelte den Kopf.

»Nein«, sagte sie, »ich verkaufe keinen Fisch.« Als ich
daraufhin enttäuscht meiner Wege gehen wollte, über-
reichte sie mir mit einem freundlichen Lächeln ein großes
Filetstück und sagte: »Ich verschenke ihn nur.«

Wie diese Norwegerin, so stelle ich mir die Frau in Kapernaum vor, deren Tochter den Simon, genannt Petrus,
heiratete, in deren Haus er einzog, als er seinen Heimatort Bet Saida verließ und auf die andere Seite des Sees
übersiedelte.

Manchmal begleitete sie ihren Schwiegersohn auf
den See hinaus. Das Boot lag nahe am Haus, sie brauchte
nur die wenigen Schritte zum Wasser zu gehen. Ihr
Schwiegersohn räumte die Netze, Angeln und Fisch-
kästen ein wenig zur Seite, wischte den Tau von der
Bank und reichte ihr die Hand, damit sie sich auf ihn
stützen konnte; mit der anderen Hand hielt sie sich am
Bootsrand fest. So gelangte sie, ein wenig unbeholfen,
aber unbeschadet, in das Boot. Sie fischte zu ihrem Ver-
gnügen, und solch eine Ausfahrt unternahm sie nicht alle
Tage.

Nein, die Schwiegermutter des Petrus war nicht wie irgendeine. Sie war tatkräftiger und aufgeschlossener als
alle anderen Frauen im Dorf. Sie stellte Jesus und seinen
Freundinnen und Freunden ihr Haus zur Verfügung und
nahm viele Gäste auf.

Unter ihnen befanden sich auch die Jünger von Johannes dem Täufer. Sie waren nach Kapernaum gekommen,
um sich ein genaueres Bild von der Jesusbewegung zu
machen. Es scheint ihnen nicht alles gefallen zu haben,
was sie im Haus der Fischfrau beobachten konnten. Sie
fanden es nicht in Ordnung, dass Jesus einen anderen
Weg einschlug als sie, obwohl Johannes ihn persönlich
getauft hatte.

Auf ihre Frage: »Warum fasten deine Jünger nicht,
während wir und die Pharisäer doch fasten?«, antwortete

Jesus mit der Gegenfrage: »Können denn die Hochzeitsgäste trauern, wenn der Bräutigam bei ihnen ist?«

Damals sahen sie ein, dass es nicht zu einer dauerhaften Verbindung zwischen ihnen kommen würde. Die Jünger des Johannes verließen Kapernaum und gingen wieder zurück zum Toten Meer.

Seitdem Jesus in ihrem Haus wohnte, klopften viele Hilfsbedürftige an ihre Tür. Reiche, Arme, Kranke, Gesunde, Sünder und Gerechte kamen und baten um Rat und Hilfe. Ganz Galiläa schien manchmal vor ihrer Haustür versammelt zu sein. Wenn Jesus sich zurückzog, suchten sie ihn so lange, bis sie ihn gefunden hatten, und sei es in der Nacht.

Einmal hatten sie ihn früh am Morgen vermisst. Niemand wusste, wohin er gegangen war. Simon und einige andere Freunde suchten ihn. Als sie ihn endlich gefunden hatten, sagten sie vorwurfsvoll: »Du kannst dich doch nicht einfach zurückziehen!«

An diesem Morgen schlug er ihnen vor, Kapernaum für eine Weile zu verlassen. Noch am gleichen Tag machten sie sich auf den Weg. Sie zogen hin und her durch das Land, und Jesus predigte in verschiedenen Synagogen. Nach Möglichkeit vermieden sie die größeren Orte und hielten sich in abgelegenen Gegenden auf. Aber wohin sie auch kamen, überall brachte man die Kranken zu ihm. An Ruhe war nicht zu denken. Schließlich kehrten sie wieder nach Kapernaum zurück.

Manchmal ging Jesus am Seeufer spazieren, oder er setzte sich in ein Boot, um ein wenig Abstand von den Menschen zu haben; aber es gelang ihm selten, allein zu sein.

Oft äußerte er sich kritisch über die politischen und sozialen Missstände im Land und über das formalgesetzliche Verhalten konservativer Zeitgenossen. Einigen aus dem Freundeskreis gefiel das nicht. Sie sagten, mit seinen unvorsichtigen Bemerkungen und Reden bringe er nicht nur sich selbst, sondern sie alle in Gefahr. Als er wieder einmal mit seinen Freunden und vielen Gästen zusammensaß und in eine heftige Diskussion verwickelt war, ließen ihn seine Mutter und seine Brüder herausrufen. Sie machten sich Sorgen, wenn er seine Gedanken so ungeschützt, dazu in Gegenwart einflussreicher Persönlichkeiten, äußerte.

»Deine Mutter und deine Brüder sind draußen und möchten dich sprechen«, ließen sie ihm mitteilen. Aber er dachte nicht daran, die Gesellschaft zu verlassen.

»Wer ist meine Mutter, und wer sind meine Brüder?«, fragte er, zeigte auf die Fischfrau, ihre Gäste und seine Freunde und sagte: »Das sind meine Mutter und meine Brüder!«, und redete weiter.

Wirklich, gelegentlich konnte man nur mit dem Kopf schütteln über ihn.

Wenn die Fischfrau anfing, von ihm zu reden, dann erzählte sie gern die Geschichte von der Tempelsteuer: Als die Steuereinnehmer im Dorf waren und er den Termin für die Abgabe der Tempelsteuer nicht eingehalten hatte, fragten die Beamten ihren Schwiegersohn: »Bezahlt euer Meister die Doppeldrachme nicht?« Sein zögerndes »Doch!« hatte nicht sehr überzeugt geklungen. Petrus machte keinen Hehl daraus, dass ihm diese Angelegenheit unangenehm war. Er jedenfalls hielt nichts davon, sich mit der Priesterschaft anzulegen.

»Was meinst du, Simon«, fragte Jesus ihn, weil er gar zu ängstlich blickte, »von wem lassen sich die Könige der Erde Abgaben oder Steuern zahlen, von ihren eigenen Kindern oder von den Fremden?«

»Von den Fremden natürlich«, bekam er zur Antwort.

»Also zahlen ihre eigenen Kinder keine Steuern«, folgerte Jesus. Aber dann musste er lachen über das Gesicht seines Freundes. »Keine Angst, Simon«, beruhigte er ihn, »wir werden ja zahlen! Geh hinunter zum See, wirf deine

Angel aus, und dem ersten Fisch, den du herausziehst, öffne das Maul; dann wirst du eine Vierdrachmenmünze finden, die nimm und gib sie ihnen als Tempelsteuer für dich und für mich.«

Ja, so ging es zu in ihrem Haus. Selbst der Verkauf eines Petrifisches wurde zu einer wunderbaren Tat.

Wenn die Fischfrau von den großen und kleinen Leuten erzählte, die in ihrem Haus ein- und ausgegangen waren, dann wurde deutlich, wie sehr sie es genossen hat, an allem teilzunehmen.

Und sie selbst? Kommt sie auch vor in ihren Jesusgeschichten? Ob sie wohl auch persönlich betroffen war von dem, was er in ihrem Haus und in ihrem Heimatort Kapernaum getan hat?

Wenn man sie das fragte, dann würde sie ihre viel beschäftigten Hände für einen Augenblick in den Schoß legen. »Weiß Gott!«, würde sie sagen und erzählen, wie er ihr einmal das Leben rettete.

Als wieder einmal alle unterwegs gewesen waren, hatte sie das Haus in Ordnung gebracht und sich gerade noch ins Bett legen können. Sie bekam plötzlich hohes Fieber.

»Nicht, dass ich Angst gehabt hätte«, meinte sie, aber sie habe ganz deutlich gespürt, wie ihre Seele sich anschickte, ihren Körper zu verlassen. Sie sagte, sie habe sich ganz leicht und gelöst gefühlt.

Sie hatte gar nicht gemerkt, dass Jesus sie berührte; aber plötzlich war das Fieber fort, und sie stand auf, als wäre nichts gewesen. Dann machte sie ihm etwas zu essen, denn er hatte ja den ganzen Tag noch nichts Vernünftiges gehabt.

Dieses Erlebnis würde sie ganz gewiss ihr Leben lang nicht vergessen.

Als dann das Ensetzliche mit ihm geschehen war und das Wunderbare, als er gestorben war und von den Toten auferstand, da hatten ihre Tochter und ihr Schwiegersohn

Kapernaum verlassen und waren die Stützen der christlichen Gemeinde in Jerusalem geworden.

Aber sie war in ihrem Haus am See geblieben, das ihr nun viel zu groß geworden war. Nachdem alle fortgegangen waren, schlotterte es sozusagen um ihre Glieder wie ein zu weit gewordenes Gewand. Die Netze hatte sie in Ordnung gehalten und die Boote vermietet. Davon konnte sie leben. Langeweile? Nein, Langeweile kannte sie nicht. Seitdem es still geworden war im Haus, dachte sie viel an die Zeit zurück, als die jungen Leute und all die Fremden bei ihr zu Gast gewesen waren. Als Jesus noch in Kapernaum war – ach, das waren unvergesslich wunderbare Jahre gewesen!

In Kapernaum am See fühlte ich den ewigalten Wind auf meiner Haut und wäre gern noch geblieben.

Und als der Engel mahnte: »Es wird Zeit!«, sah ich mich erstaunt um und fragte: »Wozu?«

MATTHÄUS 8,14-15; 17,24.27;
MARKUS 1, 32-39; 2,1-2.18-20; 3,7-9.20-23.31-35.

Die Frau am Jakobsbrunnen

Ueber die Straße wehte trockener Sand. Die kahlen, sandfarbenen Berge rechts und links der Jordansenke vermittelten das Gefühl von Ewigkeit. Von Ewigkeit zu Ewigkeit pilgerten wir dahin.

Der Engel war mir ein paar Schritte voraus. Manchmal verlor ich ihn sogar für eine Weile aus den Augen.

Wolken zogen langsam, unmerklich langsam über das wüste Gebirge. In den Tälern erweckten ihre Schatten den Anschein dunkler Wälder, eine grandiose Vorspiegelung falscher Tatsachen.

Irgendwo am Ende des Weges lag der Jakobsbrunnen in der Nähe der Stadt. Längst wurde eine Kirche über den Brunnen gebaut, aber in meiner Phantasie war der offene Himmel sein Dach, und die Wolken zogen darüber hin, so wie damals, als sich eine Frau zu ihm auf den Weg machte.

Wie kam sie darauf, um zwölf Uhr mittags ihr angenehm kühles Haus zu verlassen und sich der Hitze auszusetzen, die vor der Tür auf der Lauer lag wie ein hungriges Tier, das sie anfiel, sobald sie den Schatten verließ, dieser Mittagsdrache, der ihr seinen feurigen Atem ins Gesicht blies, dass ihre Augen brannten und ihre Haut sich rötete?

»Warum ist sie nicht am Morgen oder am Abend zum Brunnen gegangen, wie es seit Urmütterzeiten Sitte war?«, fragte ich den Engel.

»Sie ging zum Brunnen, wann es ihr passte«, antwortete er. »Und wenn sie allein sein wollte, dann ging sie, wenn die anderen schliefen, sei es mittags oder nachts.«

Ich sah sie vor mir, wie sie sich erfrischte, wie sie sich ein wenig ausruhte unter dem Eichenbaum und auf dem Nachhauseweg vor sich hin sang.

Als sie eines Mittags zum Brunnenplatz kam, saß dort ein Mann im Schatten unter dem Baum. Was sollte das bedeuten? Warum saß er hier um zwölf Uhr mittags mutterseelenallein am Brunnen? Am liebsten hätte sie auf der Stelle kehrtgemacht. Aber sie wollte wenigstens Wasser mit nach Hause nehmen, wenn sie nun schon einmal hier war, darum ging sie weiter. Sie tat, als sei er Luft.

Er sagte freundlich: »Schalom.«

»Salam«, erwiderte sie.

Daran erkannten sie einander als einen Juden und eine Samaritanerin.

Sie befestigte das Brunnenseil an ihrer Kanne, ließ sie in die Tiefe hinunter, tauchte sie mit einem geschickten Ruck ins Wasser und zog sie wieder herauf, ohne einen Tropfen zu verschütten. Dann füllte sie ihren Becher und trank.

»Gib mir auch zu trinken«, bat der Fremde.

Sie sah ihn abschätzend an. Er schien ein Rabbi zu sein; aber er war ohne Begleitung. Es war nicht schwer, ihre Blicke zu deuten.

»Meine Freunde sind einkaufen gegangen«, erklärte er, »ich warte hier auf sie. Ich bin froh, dass du gekommen bist. Es ist sehr heiß, und ich bin durstig. Gib mir bitte einen Becher Wasser aus deiner Kanne.«

»Es kommt nicht oft vor, dass ein Jude eine Samaritanerin um etwas bittet«, bemerkte sie und dachte: Einem durstigen Juden fällt es nicht schwer, freundlich zu meinesgleichen zu sein.

Er sah sie nachdenklich an. »Wenn du wüsstest, wer ich bin«, sagte er, »dann würdest du mich bitten, und ich

würde dich mit lebendigem, fließendem Quellwasser beschenken.«

Das hätte er nicht sagen sollen! Möge er doch ersticken
an seiner Arroganz! »Verehrter Rabbi«, sagte sie spöttisch,
»wie ich sehe, hast du kein Schöpfgefäß bei dir, und der
Brunnen ist mindestens zweiunddreißig Meter tief, woher
willst du also das Wasser nehmen, das frischer sein soll als
das Wasser aus diesem Brunnen?«

Er gab ihr keine Antwort, sondern sah sie nur lächelnd
an. Das machte sie wütend.

»Bildest du dir etwa ein, du wärest größer als unser Vater Jakob, der uns diesen Brunnen gegraben hat?«, fauchte
sie ihn an. »Er selbst hat daraus getrunken, seine Familie
und sein Vieh. Für uns ist dieses Wasser geheiligt durch
die Tradition. Das Wasser aus dem Jakobsbrunnen ist
kein gewöhnliches Wasser, das sollte ich dir eigentlich
nicht erklären müssen, Rabbi.«

Unbeeindruckt von ihren ärgerlichen Worten bat er:
»Gibst du mir jetzt ein wenig Wasser aus diesem altehr-
würdigen Brunnen, aus dem schon generationenlang
Menschen und Tiere getrunken haben?«

Wortlos füllte sie seinen Becher bis an den Rand.
Während sie die Kanne erneut in den Brunnen hinunterließ, sagte der Rabbi:

»Wer von diesem Wasser trinkt, wird wieder Durst bekommen. Wer aber von dem Wasser trinkt, das ich ihm
geben werde, wird niemals mehr Durst haben.« Ihre spöt-
tischen Blicke ließen ihn unberührt. »Im Gegenteil«,
sagte er, »das Wasser, das ich den Menschen gebe, wird zu
einer sprudelnden Quelle, die bis in Ewigkeit nicht versiegt.«

Mit einem Schwung setzte sie sich die gefüllte Kanne
auf den Kopf. Sie wandte sich um, stand aufrecht vor ihm
mit ihrer Last und sagte: »Rabbi, gib mir dieses Wasser,
von dem du redest, damit ich keinen Durst mehr habe

und nicht mehr hierher kommen muss, um Wasser zu schöpfen!« Es war nicht zu überhören, dass sie ihm kein Wort geglaubt hatte.

Der Rabbi freute sich über ihre Schlagfertigkeit. Er liebte selbstbewusste, kluge Frauen. Diese Samaritanerin hatte viel Ähnlichkeit mit seiner Freundin Marta von Bethanien, die ihm auch selten eine Antwort schuldig blieb. Er ging auf ihre spöttische Bemerkung ein. »Geh, ruf deinen Mann und komm wieder her«, sagte er.

Sie hatte sich schon von ihm abgewandt und den Heimweg angetreten. »Ich habe keinen Mann«, sagte sie über die Schulter und dachte: Lass mich doch in Ruhe mit deinem Gerede!

»Ja, richtig«, hörte sie ihn sagen, »du hast ja gar keinen Mann. Du hast fünf Männer gehabt, und mit dem, der jetzt bei dir lebt, bist du auch nicht verheiratet. Du bist eine ehrliche Frau, du sagst die Wahrheit, das finde ich gut.«

Sie war überrascht stehen geblieben, hatte sich umgedreht, die Kanne abgesetzt und kam zögernd zurück. Sie lehnte sich an den Brunnen und ließ ihn nicht aus den Augen. »Rabbi, ich sehe, dass du ein Prophet bist«, sagte sie ehrlich erstaunt.

Er erhob sich und trat zu ihr. Plötzlich war alles anders. Vergessen waren Ironie und Neckerei. Plötzlich hatte sie Vertrauen zu diesem seltsamen Fremden.

Sie, eine Frau aus Samarien, auf die seine Landsleute verächtlich herabsahen, hatte sich schon oft Gedanken über den Grund ihrer Ablehnung gemacht. Nun war da dieser junge Mann, ein Prophet, dem tiefere Einblicke in die göttliche Weisheit gegeben waren als anderen Menschen. Mit ihm wollte sie darüber reden.

Sie sagte: »Meine Vorfahren haben auf dem heiligen Berg Garizim zu Gott gebetet, und deine Vorfahren haben behauptet, Jerusalem sei der Ort, wo man Gott anbetet. Ist es nicht unsinnig, dass wir uns gegenseitig verachten, weil wir uns nicht einig sind, auf welche Weise und an welchem Ort wir zu Gott beten?«

Jesus war es gewohnt, in Diskussionen verwickelt zu werden. Oft waren es Fangfragen, die er durchschaute und auf die er entsprechend reagierte. Aber zu ihr sagte er: »Glaube mir, Frau, das Himmelreich ist mitten in uns. Und eines Tages wird Gott weder auf eurem heiligen Berg Garizim noch in unserem heiligen Tempel in Jerusalem angebetet werden, sondern im Geist und in der Wahrheit. Die Gläubigen werden Gottes Geist empfangen und die Wahrheit erkennen.« Er dachte einen Augenblick nach, als überlege er, was er ihr anvertrauen könnte. Dann sagte er: »Das, was kommen wird, hat bereits begonnen.«

»Ich habe davon gehört«, bestätigte sie. »Man sagt, der Messias sei erschienen.«

Da gab der Rabbi seine vorsichtige Zurückhaltung auf und bekannte ihr: »Ich bin der Messias.«

Sie starrte ihn an wie eine Erscheinung. Keinen Augenblick zweifelte sie daran, dass er die Wahrheit sagte.

Wie gern hätte sie mehr von ihm gehört; aber ausgerechnet in diesem Augenblick trafen die Jünger mit ihren Esswaren am Brunnen ein. Ahnungslos platzten sie in das Gespräch und zerrissen die Fäden, die dort gesponnen worden waren. Wie angewurzelt blieben sie stehen und starrten auf das Paar am Brunnen.

Doch irgendetwas schien sie daran zu hindern, sofort dazwischenzufahren. Statt die Frau zu fragen: »Was willst du von ihm?«, und Jesus: »Was redest du mit ihr?«, sagten sie ausnahmsweise einmal nichts.

Aber die Frau hatte den Brunnenplatz bereits verlassen. Ihren gefüllten Wasserkrug vergaß sie in der Eile mitzunehmen.

Dieser zurückgelassene Krug wäre allein schon ein deutlicher Hinweis auf das Außerordentliche gewesen,

das sich am Jakobsbrunnen zugetragen hatte; denn keine
Frau geht um zwölf Uhr mittags zum Brunnen, lässt
ihren gefüllten Krug dort stehen und läuft atemlos ins
Dorf zurück, wenn sich nicht etwas sehr Ungewöhnliches
ereignet hat.

Kaum hatte sie Sychar erreicht, rief sie den Männern,
die auf dem Dorfplatz ihren Tee tranken, zu: »Kommt
zum Brunnen! Da ist ein Mann, der mich kennt, ohne
dass ich ihm etwas von mir erzählt habe. Ich glaube, er ist
der Messias!«

Froh über die Unterbrechung ihres dörflichen Einer-
leis, machten sie sich sogleich auf den Weg, um sich den
Fremden anzusehen. Am Jakobsbrunnen fanden sie ihn
und seine Begleiter, unterhielten sich mit ihnen und lu-
den sie in ihre Häuser ein.

Zwei Tage lang waren die Fremden zu Gast im Dorf.
Dann zogen sie weiter.

»Wie gut kann ich mich in die Frau hineinversetzen.
Ich verstehe ihren anfänglichen Ärger, ihr Misstrauen,
ihre Wissbegier, ihre Begeisterung«, gestand ich dem Engel. »So eilig wie sie wäre ich auch zu meinen Leuten gelaufen, den Wasserkrug hätte ich wahrscheinlich auch am
Brunnen vergessen, und auf der Stelle hätte ich ihnen
mein großes Erlebnis erzählt, ob sie es hören wollten oder
nicht. Immer wieder hätte ich gesagt: ›Stellt euch vor, er
hat es mir gesagt!‹ Und vielleicht hätten sie es mir ohne
weiteres geglaubt und wären auch sofort zu ihm gegangen
und hätten ihn in unser Dorf gebeten und mit ihm geredet und tagelang diskutiert, bis er sich schließlich verab-
schiedet hätte.«

Er lächelte und schwieg.

Während wir auf staubigen Straßen und Wegen dahinwanderten, überlegte ich, wie ich wohl damit umgegan-
gen wäre, wenn sie mein Erlebnis später abgewertet hätten mit ihrer Behauptung, sie wären ganz allein darauf

gekommen, dass dieser galiläische Jude der erwartete Messias sei.

»Wir glauben doch nicht an ihn, weil du es uns verkündet hast«, sagten sie, »sondern weil wir ihn selbst erlebt haben, wissen wir, er ist der Retter der Welt.«

»Konnten sie es nicht aushalten, dass Christus sich zuerst einer Frau geoffenbart hat?«, fragte ich den Engel an meiner Seite. »Wäre es denn möglich?«

Er zuckte nur die Schultern.

Vermutlich sollte es bedeuten: »Wer weiß?«

JOHANNES 4,1-42

Die bittende Witwe

ie Sonne stand schon tief, bald würde es dunkel sein und unheimlich in der Steppe. In der Ferne lag das Tote Meer. Still glänzend lag es da mit seinen nackten Ufern, den kahlen Bergen im Hintergrund, von Wüste umgeben. So sehen Traumbilder aus, dachte ich. Aber es war Wirklichkeit.

In Jericho, der grünen Palmenoase, machte mich der Engel auf ein altes Zollhaus aufmerksam. Der Maulbeerbaum vor dem Haus, der Bach neben der Straße, das geduldige Kamel am Gartenzaun, die Händler, die ihre Waren anpriesen, die hohen Palmen...

»Allzuviel hat sich hier nicht geändert, seit Jesus bei Zachäus, dem Oberzöllner, einkehrte«, sagte ich, als wir stehen blieben, um uns alles genau anzusehen.

Damals war der kleine Herr Oberzöllner, geschäftstüchtiger Untertan, eilig von seinem Ausguck im Maulbeerbaum herabgestiegen, hatte die Sitzkissen zurechtgerückt, seine Sklavin an den Bach geschickt, um seinen unverhofften Gästen frisches, sauberes Wasser für ihre müden Füße zu reichen, und seine Frau angewiesen, so rasch wie möglich eine gute Mahlzeit zuzubereiten.

Sie beeilte sich sehr. Kaum hatten die Gäste Platz genommen, nachdem sie sich notdürftig vom Reisestaub gereinigt hatten, da wurden auch schon die Speisen hereingetragen: dampfende Fladenbrote, frischer Kräutersalat, Kichererbsenmus, Granatapfelwein, eingelegte Feigen, um nur einige der Köstlichkeiten zu nennen, die sie auftischte.

Der Rabbi sagte zu denen, die immer noch nicht aufhören konnten, sich darüber zu wundern, dass er im Zollhaus von Jericho Station gemacht hatte: »Ich bin dazu da, das Verlorene zu suchen und zu retten. Auch den Oberzöllner.«

Was sollten sie dazu sagen?

Der Rabbi wusste, was sie dachten, darum sagte er: »Ich will euch eine Geschichte erzählen, damit ihr versteht, was ich meine.«

Sie rückten zusammen, damit sich Zachäus, seine Frau mit den Kindern und auch die Sklavin zu ihnen setzen konnten, und hörten sich an, was er ihnen mitzuteilen hatte.

»In einer Stadt lebte ein Richter, der Gott nicht fürchtete und auf keinen Menschen Rücksicht nahm«, begann er. »In der gleichen Stadt lebte auch eine Witwe, die immer wieder zu ihm kam und sagte: ›Verschaffe mir Recht gegen meinen Feind!‹ Lange wollte der Richter nichts davon wissen. Als sie aber nicht aufhörte, ihn zu bedrängen, sagte er sich: Ich fürchte zwar Gott nicht und nehme auch auf keinen Menschen Rücksicht; trotzdem will ich dieser Frau zu ihrem Recht verhelfen, denn sie lässt mich nicht in Ruhe. Sonst kommt sie am Ende noch und schlägt mir ins Gesicht.«

Der Rabbi schwieg. Niemand sagte etwas. Es war so still im Raum, dass das Summen einer Fliege zu hören war.

»Habt ihr gehört, was der ungerechte Richter zu sich selber gesagt hat?«, fragte er.

Sie nickten mit dem Kopf. Ja, gehört hatten sie es; aber was wollte er denn damit sagen? Meinte er etwa im Ernst, dass dieser Richter, der ja mit allen Wassern gewaschen schien, vor einer Frau kapitulieren würde? Das hielten

sie für undenkbar. Aber wenn er sagen wollte, Gott
sei der Richter, dann verstanden sie ihn noch weniger.
Käme denn eine Frau auf die Idee, Gott ins Gesicht
zu schlagen, um ihr Recht zu fordern? Und wenn dieses
Ungeheuerliche eintreten sollte, würde sich Gott das bestimmt nicht gefallen lassen. Schon gar nicht von einer
Frau.

Wie alle anderen, grübelte auch Zachäus über den Sinn
dieser Geschichte nach. Plötzlich kam ihm der Gedanke,
der Rabbi habe ihn damit auf seine kleinen Nebenge-
schäfte ansprechen wollen.

»Ich bin bereit«, erklärte er seinen verwunderten Gästen, »die Hälfte meines Vermögens den Armen zu geben.
Und wenn ich von jemandem zu hohe Zollgebühren ge-
fordert haben sollte, dann gebe ich sie ihm mit Zinsen
zurück. Das verspreche ich.«

In der Tür standen zwei Gelehrte der örtlichen Prophe-
tenschule, die es vorzogen, das Haus des Oberzöllners
nicht zu betreten. Schon während der Erzählung des
fremden Rabbi hatten sie bedenklich ihre Köpfe geschüt-
telt. Als aber Zachäus seine Versprechungen machte, begannen sie zu lachen.

»Dein Wort in Gottes Ohr«, spotteten sie. »Glaubst du,
du könntest dich dadurch rechtfertigen, Zachäus?«

Zachäus schämte sich. Er überlegte, was er ihnen antworten sollte. Aber bevor ihm etwas eingefallen war,
mischte sich der Rabbi schon ein.

»Ich werde euch noch eine Geschichte erzählen«, sagte
er und erzählte das Gleichnis vom Pharisäer und dem
Zöllner, in dem es heißt, der Pharisäer habe gesagt: »Gott,
ich danke dir, dass ich nicht bin wie dieser Zöllner«, und
der Zöllner hatte nicht gewagt, die Augen zum Himmel
zu erheben, weil er sich seiner Schuld bewusst war. »Ich
sage euch«, sagte Jesus nachdrücklich, »der Zöllner ging
als Gerechter nach Haus.«

Diese Geschichte hatten alle sehr gut verstanden. Zachäus verneigte sich in tiefer Dankbarkeit vor seinem Gast. Aber die beiden Gelehrten verließen kopfschüttelnd ihren Platz an der Tür.

Ich sah mich nach dem Engel um, der unbemerkt schon weitergegangen war. Ich wusste, dass uns nicht mehr viel Zeit blieb bis zum Sonnenuntergang. Schon brannten die Straßenlaternen, gleich würde es finstere Nacht sein in Jericho.

»Du wirst dich beeilen müssen«, warnte er, als ich die Straße überquerte, weil mich die Ausgrabungen interessierten. Aber es war wirklich schon fast zu spät, um noch tiefer in die Geschichte dieser uralten Palmenstadt einzutauchen. Ich konnte nur noch rasch die Steine der ehemaligen Stadtmauer berühren, ein paar ausgetretene Stufen hinauf- und hinuntergehen, einer Frau gedenken, Rahab von Jericho, und mir vorstellen, wie es hier damals ausgesehen hatte, als Jesus bei Zachäus, dem Oberzöllner, zu Gast war, und mir alles tief ins Gedächtnis einprägen.

Dann eilte ich meinem Weggefährten nach, um ihn nur ja nicht aus den Augen zu verlieren.

Lukas 18,1-14; 19,1-10

Die Barmherzige

Die alte Straße, die von Jericho nach Jerusalem hinaufführt, schlängelt sich durch kahle Sandberge. Nirgendwo wachsen Bäume oder Sträucher, in deren Schatten es sich angenehm hätte träumen lassen.

Während wir gemächlich dahinwanderten, es war noch früh am Morgen, die Sonnenstrahlen wärmten uns angenehm, und an den dürren Gräsern und Kräuterbüscheln hingen Tautropfen, erinnerte mich der Engel an die Geschichte vom barmherzigen Samaritaner, eine Geschichte, die schlimm ist und tröstlich zugleich. Sie hörte sich anders an, als sie im Lukasevanglium nachzulesen ist. Aber Barmherzigkeit hat viele Gesichter. Darum hätte sie sich auch so zutragen können, wie er sie erzählte:

Einmal ging eine Frau allein auf dieser alten Straße von Jericho nach Jerusalem hinauf. Sie hatte Beeren gesammelt, wohlschmeckende, saftige Beeren, die wollte sie in Jerusalem verkaufen. Sie war fleißig gewesen, ihr Korb war bis zum Rand gefüllt. In Gedanken zählte sie schon das Geld, das sie dafür bekommen würde. Wenn sie nur diesen Weg erst hinter sich gebracht hätte! Ganz allein war sie ihn noch nie gegangen. Hätte sie sich nicht doch besser einer Karawane anschließen sollen? Aber bis zur Mittagszeit wären ihre Beeren nicht mehr frisch gewesen. Wenn sie sie gut verkaufen wollte, musste sie so früh wie möglich auf dem Markt sein. Bis jetzt war ja auch alles gut gegangen. Bald würde sie die Herberge erreichen und in Sicherheit sein. Und wenn sie Bethanien erst erreicht hatte, dann war es nur noch ein Katzensprung bis zum Ölberg und zum Markt am Damaskustor. Wenn sie diese einsame Wegstrecke nur erst hinter sich gebracht hatte, dann war die Gefahr vorbei.

Weiter kam sie nicht mit ihren Gedanken. Ein scharfer Pfiff zerriss die Stille. Wie gebannt blieb sie stehen und sah sich nach allen Seiten um. Wohin könnte sie fliehen? Sie kamen aus dem Wadi, sprangen auf sie zu und stellten sich ihr in den Weg. Ihr ängstliches Flehen, ihre Entsetzensschreie hat niemand gehört.

Die zerquetschten Beeren, das zerrissene Gewand, die entblößten Beine – nein, ein angenehmer Anblick war das nicht, was der Eseltreiber kurz darauf am Wegrand entdeckte.

Kopfschüttelnd sah er sich die Bescherung an und schimpfte: »Es ist doch nicht zu fassen! Ausgerechnet in dieser gottverlassenen Gegend muss sie Beeren sammeln! Warum ist sie nicht zu Hause geblieben? Was hat sie sich hier allein herumzutreiben? Weiß sie denn nicht, dass es hier von zwielichtigem Gesindel nur so wimmelt? Kein Wunder, dass sie hier vergewaltigt wird, eine fremde Frau, allein in dieser einsamen Gegend.« Sicherheitshalber zog er sein Messer aus der Satteltasche, bevor er seine Esel weitertrieb.

Einige Zeit später, die Sonne war inzwischen aufgegangen, tauchten ein Mann und eine Frau an der Wegbiegung auf. Schon von weitem sahen sie die Unglückliche. Sie lag da, als wäre sie tot. Die entsetzte Frau beschwor ihren ebenfalls zu Tode erschrockenen Ehemann, auf der Stelle umzukehren, und sie flohen in panischem Schrecken. Als hätte sie die Erde verschluckt, so spurlos waren sie in wenigen Augenblicken verschwunden. Aber es wird wohl eine Weile gedauert haben, bis sie den furchtbaren Anblick vergessen konnten.

Danach näherte sich wieder jemand dem Ort des Verbrechens. Es war eine Frau, eine Prostituierte. Sie hatte die Nacht in Jerusalem bei ihren Freiern verbracht und war nun auf dem Heimweg nach Jericho.

Sie stieß einen zornigen Fluch aus, als sie die Unglückliche sah, sprang von ihrem Esel, riss sich ihr Tuch von den Schultern, zog ihr Duftwasser aus der Tasche und wischte ihr vorsichtig das Blut und den Beerensaft von den Beinen. Dann kühlte sie ihr das Gesicht, flößte ihr etwas zu trinken ein, ordnete ihr die Kleider und redete währenddessen leise und freundlich auf sie ein, bis sie allmählich aus ihrer Ohnmacht erwachte.

»Komm«, sagte sie, »versuch dich aufzurichten. Irgendwie müssen wir es schaffen, dich auf den Esel zu bekommen.«

Nach mehreren vergeblichen Versuchen, sie in den Sattel zu setzen, legte sie sie schließlich quer über den Esel, wie einen Sack. »Es ist nicht weit bis zur Herberge«, tröstete sie, »wir schaffen das schon.« Und zu dem Esel sagte sie: »Komm, Alter, beeil dich und achte auf den Weg, damit sie uns nicht herunterrutscht.«

So zogen sie langsam den Berg hinauf und erreichten schließlich die Herberge. Dem Wirt gab sie genaue Anweisungen und bezahlte ihn im Voraus für seine Dienstleistungen.

Zu der Frau sagte sie: »Ich kann es dir nachempfinden, wie dir jetzt zumute ist. Aber glaube mir, es wird alles wieder gut.«

Dann gab sie ihr ihre Adresse und sagte, wenn sie merken sollte, dass sie schwanger sei, solle sie zu ihr kommen.

»Ich werde dir helfen«, sagte sie, »du musst keine Angst haben, Schwester.«

In Gedanken versunken ging ich neben dem Engel her, bis wir die Häuser von Bethanien schon sehen konnten. Ich hoffte nichts mehr, als dass die Vergewaltiger ihre

gerechte Strafe bekommen hatten und dass das Höchst-
maß über sie verhängt worden war.

»Barmherzigkeit hat viele Gesichter«, sagte der Engel
und durchbrach damit das Schweigen.

Augenblicklich überlegte ich, wie denn wohl meine
Barmherzigkeit ausgesehen hätte. Hätte ich ihr geholfen?
Wäre ich an ihr vorbeigegangen?

Aber der Engel fragte: »Würdest du ihnen jemals verzeihen?«

LUKAS 10,25-37

Marta

Der Abend in Bethanien gehörte Marta. Im Dunkeln redet es sich gut. Das Öllämpchen brannte, der Wein stand bereit, wir saßen auf der Dachterrasse unter dem Palmenbaum. Der Mond hing über ihrem Haus wie eine leuchtende Laterne, der Ostermond. In wenigen Tagen würde er so kugelrund sein wie eine reife Frucht.

Marta sagte: »Du musst die Kraft des zunehmenden Mondes nutzen.«

Marta wusste alles. Sie war eine erfahrene, kluge Frau, eine Eingeweihte. Sie saß da in der Nacht, rund und doch behände, in sich ruhend und doch hellwach. Sie trug ein schwarzes, loses Gewand, das am Ausschnitt und an den Ärmeln mit einem leuchtend orangefarbenen Stoff verziert war.

»Du bist wie Tag und Nacht, Marta«, sagte ich.

»Du weißt, wie ich bin?«, schmunzelte sie und legte ihre Hände in den Schoß.

»Erzähl mir von dir«, bat ich.

Sie meinte, es gebe nichts zu erzählen. Aber damit gab ich mich nicht zufrieden. Allzuoft hatten Frauen das schon zu mir gesagt, um gleich darauf mit den interessantesten Geschichten herauszurücken. Es kam nur darauf an, einen geeigneten Einstieg zu finden, dann würde sie sicher beginnen. Ich überlegte, ob sie verheiratet war, mochte sie aber nicht so direkt fragen.

»Es ist unwichtig, ob ich verheiratet bin oder nicht«, sagte sie, als habe sie meine Gedanken verstanden.

»Und Kinder?«, fragte ich, »hast du Kinder?«

»Lazarus ist mein Kind«, bekam ich zur Antwort.

Nach seiner schweren Krankheit war er wie neu geboren. Sie hatte ihn gepflegt und sich um ihn gesorgt wie eine Mutter. Ich erinnerte mich daran, dass sie Jesus entgegengelaufen war, ihm Vorhaltungen gemacht und ihm zugeschrien hatte: »Er ist tot! Mein Bruder Lazarus ist tot! Du bist zu spät gekommen, Jesus!« Verzweifelte Menschen behandeln ihre besten Freunde manchmal wie Gegner, das haben wir alle auch schon erlebt.

Hatte ich mir Marta so vorgestellt? Ich glaube, ja. Sie war stark. Eine kluge Frau, tatkräftig, lebensbejahend, eine Frau, die mit beiden Beinen fest auf der Erde steht und nicht zimperlich ist. Sie war eine praktische Frau, die ihr Licht nicht unter den Scheffel stellte, sondern dafür sorgte, dass es hell brannte und leuchtete. Sie wurde von allen respektiert, sogar von den römischen Beamten.

»Ach was, erzähl keine Geschichten!«, pflegte sie zu ihrer Freundin zu sagen, wenn die sie bat, sich doch etwas mehr zurückzuhalten mit ihrer Kritik an den Römern. »Ach was«, sagte sie nur und dachte nicht daran, zu schweigen. Nein, die Römer waren wirklich nicht ihre Freunde. »Aber einiges«, behauptete sie, »könnten wir durchaus von ihnen lernen.« Damit meinte sie vor allem die Römerinnen in Jerusalem. Die bewegten sich frei und ungezwungen, waren elegant und unabhängiger als die Jüdinnen.

Weil sie selbst eine reiche Frau war, blieb es nicht aus, dass sie bei ihnen eingeladen wurde. Unvorstellbaren Luxus hatte sie in den Häusern der Patrizierinnen kennen gelernt. Aber auch ebenso viel Elend. Sie gab Jesus recht, wenn er sagte: »Was nützt es dem Menschen, wenn er die ganze Welt besitzt und dabei Schaden an seiner Seele nimmt.« Nein, tauschen wollte sie nicht, weder mit den Herodianerinnen noch mit irgendeiner der zahlreichen Beamtenfrauen.

»Seit Jesus in meinem Haus ein- und ausging«, sagte sie, »hatte ich alles, was mein Herz begehrte.«

»Könntest du sagen, was dir am meisten an ihm gefallen hat?«, fragte ich.

»Sein Glaube und seine Unerschrockenheit«, antwortete sie, ohne zu überlegen. »Ja, seinen Mut, den habe ich bewundert.«

»Er ist ihm zum Verhängnis geworden«, wandte ich ein.

Aber sie meinte, das sähe sie anders. »Er hat seinen Auftrag erfüllt und ist seinen Weg gegangen. Er hat gepredigt, gelehrt, die Schriften ausgelegt, geheilt und uns in allen Dingen ein Beispiel gegeben. Er hat alles getan, was einem guten Menschen zu tun möglich ist.«

»Seine Zeit war zu kurz«, sagte ich.

»Zu kurz?«, fragte sie überrascht. »Nach so vielen Jahren tragt ihr noch seinen Namen und folgt seinen Lehren, das nennst du zu kurz? Was erwartest du mehr?«

»Ich habe nicht an uns gedacht, sondern an euch, die ihr mit ihm gelebt habt«, erklärte ich ihr, »an deine Schwester Maria, die er so sehr liebte, an dich, Marta, und vor allem an ihn selbst, diesen hoffnungsfrohen, lebensbejahenden Mann. Ist er nicht wirklich zu früh gestorben?«

»Er lebt«, sagte sie nachdrücklich.

Die Gewissheit, mit der sie es sagte, machte mich neugierig. War sie ihm nach seiner Auferstehung persönlich begegnet? Aber wann und wo? Die Evangelisten hatten sie in ihren Kreuzigungs- und Auferstehungsberichten nicht erwähnt, das fand ich nun eigenartig und fragte deshalb: »Warum bist du damals nicht mit den Frauen zum Grab gegangen?«

Sie lächelte, als würde ihr diese Frage öfter gestellt. »Vielleicht hatte ich etwas anderes zu tun, als am frühen Morgen zum leeren Grab zu gehen«, antwortete sie.

»Hast du es schon vorher gewusst?«, fragte ich erstaunt.

»Ich werde es dir erzählen«, sagte sie freundlich.

Sie wusste von Anfang an, dass er der Messias war, den sie erwarteten. Sie hatte es ihm auf den Kopf zugesagt. Außerdem wusste sie, dass es weder den Römern noch den Hohenpriestern und dem Hohen Rat gelingen würde, ihn umzubringen.

»Aber sie haben es getan!«, entfuhr es mir. »Ich verstehe dich, Marta«, versicherte ich ihr, als sie schwieg, »ich kann es dir nachempfinden, dass du ihnen ihren Sieg nicht gönnst; aber du kannst doch die Tatsache, dass er den schändlichen Römertod gestorben ist, nicht ungeschehen machen, indem du sie verdrängst.«

»Nichts verstehst du«, sagte sie gelassen.

»Dann rede«, bat ich.

»Vielleicht sollte ich es nicht tun«, überlegte sie und sah mich nachdenklich an.

Ich dachte, schlimmer als das, was die Evangelisten geschrieben haben, kann es nicht sein, was sie erlebt hat. Was möchte sie also verschweigen? Hatte sie sich etwa versteckt wie Petrus und die anderen Jünger? Hatte sie ihn etwa auch verraten?

»Wenn ich den Berichten der Evangelisten glauben soll, dann bist du nicht auf dem Richtplatz gewesen, Marta.«

»Nein«, gab sie zu, »ich war nicht auf dem Richtplatz.« Aber dann sagte sie entschlossen: »Gut, ich erzähle dir, wo ich gewesen bin. Aber komm ins Haus, es wird kühl hier oben, und was ich dir sage, braucht sonst niemand zu hören.«

Ich folgte ihr in den Wohnraum. Sie stellte die Öllampe auf einen Mauervorsprung, und wir setzten uns auf die Polsterbank. Dann erzählte sie:

»Wie du weißt, war meine Familie eine der angesehensten in Jerusalem. Der Hohe Priester war ein häufiger Gast in unserem Haus. Pharisäer, Schriftgelehrte und andere bedeutende Persönlichkeiten gingen bei uns ein und aus. Dazu gehörten auch Nikodemus und Josef von Arimathäa, Mitglieder des Hohen Rates. Sie waren Freunde unseres Hauses.« Sie überlegte eine Weile, bevor sie weitersprach. »Du weißt, dass unser Volk unter der Besatzungsmacht litt und dass die Römer unsere Feinde waren. Sie saugten uns nicht nur aus durch immer höhere Steuerlasten, sie mischten sich auch in unsere Lebensgewohnheiten und Kultangelegenheiten ein. Unsere Hoffnung war, dass unser Land endlich wieder von Juden regiert würde, dass die Tyrannei und Fremdherrschaft ein Ende hätten, je eher, desto besser. Diese Hoffnung hatten wir alle. Aber in der Frage, wie wir unsere Freiheit wiedergewinnen könnten, waren wir uns uneins und wurden es von Jahr zu Jahr mehr.

Die Parteien der Pharisäer, Sadduzäer, Essener und Zeloten, mochten sie auch noch so unterschiedliche Wege gehen, hatten alle nur das eine Ziel vor Aguen: das jüdische Gesetz unverdorben und den Tempel unversehrt zu erhalten. Viele träumten von einem geeinten Reich unter einem neuen David. Aber unser Traum war größer. Wir hofften auf den Messias.«

»Du hast die Jesusbewegung wahrscheinlich von Anfang an finanziell unterstützt«, vermutete ich.

»Das war das wenigste, was ich für ihn tun konnte«, sagte sie, »und was bedeutet schon persönlicher Besitz während einer Revolution.«

»Aber Jesus war anders, Marta, er wollte doch keine Revolution. Er wollte die Menschen zur Einsicht bringen, er predigte die Feindesliebe.«

»Sein Reich war nicht von dieser Welt«, sagte sie, »er wollte, dass alle Menschen in Frieden mit Gott leben, dass sie zu sich selbst gut sind und auch zu ihren Nächsten. Er war ein friedfertiges Lamm. Darum mussten wir ihn schützen.«

Sie erzählte, dass ihm seine einflussreichen Freundinnen und Freunde viele Steine aus dem Weg geräumt hatten während seiner Wanderpredigerzeit. »Glaubst du denn, er hätte ohne unsere Unterstützung in aller Öffentlichkeit vom kommenden Gottesreich predigen können? Gott, das war der Kaiser in Rom, und sein war das Reich und die Macht und die Herrlichkeit in Ewigkeit. Das durfte kein Jude ungestraft in Frage stellen.«

»Soviel ich weiß«, gab ich zu bedenken, »sagte er aber auch: ›Gebt dem Kaiser, was dem Kaiser gehört, und Gott, was Gott gehört.‹«

Das bestätigte sie: »Er war weder unklug noch lebensmüde«, sagte sie. Aber niemals sei er sich selbst untreu geworden, wenn er seine Meinung auch nicht immer direkt gesagt, sondern sie oft in Gleichniserzählungen verpackt habe. »Lies das Gleichnis vom ungerechten Haushalter«, empfahl sie mir, »dann weißt du, was ich meine. So wie er es dort beschrieben hat, genauso verhielt sich Herodes Antipas. Wir wussten, wen er mit dem reichen Mann meinte, der nach Rom reiste, weil er König werden wollte, und wieder zurückkam und mit seinem Verwalter abrechnete. Wir haben ihn sehr gut verstanden.«

(LUKAS 19,11-27)

»Aber die Pharisäer und Sadduzäer, die ja auch Juden waren, trachteten ihm nach dem Leben«, sagte ich, »das kannst du nicht bestreiten.«

»Doch«, sagte sie, »das bestreite ich; denn es waren nur Einzelne. Vor allem waren es die engsten Vertrauten des Hohenpriesters Kajaphas. Nein, es waren längst nicht alle gegen ihn. Er war ein gern gesehener Gast in den Häusern vieler Pharisäer, das ist doch allgemein bekannt.«

»Er wurde aber gefangen genommen und verurteilt. Wie konnte das geschehen, wenn er so viele einflussreiche Freunde hatte, wie du sagst?«

»Es war wahrscheinlich noch zu früh für Jerusalem«, sagte sie, »er hätte auch warten müssen mit seiner Tempelrede. Aber auch wegen des bevorstehenden Passahfestes ging alles furchtbar schnell.«

»Und Judas, der ihn verriet? Hat er das Ende nicht auch beschleunigt?«, fragte ich.

Sie schüttelte den Kopf. »Nein«, sagte sie, »Judas war nur ein kleines Tröpfchen, durch das das Fass zum Überlaufen gebracht wurde. Mehr nicht. Er war übrigens nicht der einzige im Freundeskreis, der ihn verraten hat.« Sie schwieg und sah nachdenklich vor sich hin, dann sagte sie: »Aber Gott sei Dank ging alles noch gut aus.«

»Er lebt«, sagte ich, »er ist auferstanden.«

Sie nickte. Noch immer hatte sie mir nicht erzählt, was sie Wichtigeres zu tun gehabt hatte, als bei ihm auszuhalten. Ich konnte mir nicht vorstellen, dass diese Frau ängstlich davongelaufen war und die anderen Frauen allein gelassen hatte in ihrer Trauer.

»Wo bist du gewesen, Marta?«, fragte ich sie, »wie hast du die Stunden zwischen der Verhaftung und der Hinrichtung verbracht?«

»Es war eine unvergessliche schlimme Zeit«, erinnerte sie sich. »Der Hohe Rat war einberufen worden, wir mussten zunächst sein Urteil abwarten. Nikodemus und Josef hielten uns auf dem Laufenden über den Stand der Verhandlungen. Selbstverständlich stimmten sie gegen das Todesurteil; aber ihre Stimmen reichten nicht aus, um es zu verhindern.«

»Es gab noch weitere Instanzen als den Hohen Rat«, sagte ich, »und am Ende überließ Pontius Pilatus dem Volk sogar die Entscheidung. Aber das Volk entschied sich für Barabbas.«

»Das Volk entscheidet sich immer für den Stärkeren«, erklärte sie.

»Aber Barabbas war ein Mörder«, wandte ich ein, »ein Schwerverbrecher! Wie konnten sie sich für den entscheiden?«

»Ein Mörder?«, fragte sie, »er war einer von denen, die den gewaltsamen Widerstand wollten. Leute wie seinesgleichen halten nichts von sanftmütigen Reden, die schlagen zu. Barabbas war ein bekannter Widerstandskämpfer, gegen ihn hatte Jesus keine Chance. Die Menschen versprechen sich mehr von Taten als von Worten.«

»Und ihr?«, fragte ich, »konntet ihr ihm denn wirklich nicht helfen?«

»Solange er in der Festung war, blieben uns die Hände gebunden. Erst auf dem Weg zur Schädelstätte trug Simon von Kyrene, der Vater von Alexander und Rufus, das Kreuz für ihn. Auch Longinus, der Hauptmann, tat, was er konnte, um ihm die Last zu erleichtern. Einige Frauen waren ständig in seiner Nähe. Susanna, Johanna und ich hielten uns in Josefs Haus auf, um sofort die notwendigen Schritte einleiten zu können, wenn es zum Äußersten kommen sollte. Die Salbenverbände waren fertig und ebenso der bittere Trank.

Als es dann soweit war, befahl Longinus dem Henkersknecht, den Schwamm in den Krug zu tauchen. Nachdem Jesus getrunken hatte, ging alles sehr schnell. Als sie seine Haut ritzten, zeigte er keinerlei Reaktion. Sie zerbrachen ihm nicht die Beine, sondern Josef und Nikodemus nahmen ihn vorsichtig vom Kreuz, wickelten ihn in die sorgfältig präparierten Tücher und trugen ihn in Josefs neue Grabkammer.«

»Erzähl weiter«, bat ich.

»Ach«, seufzte sie, »es ist schon so lange her, und alles ist doch längst bekannt. Warum erzähle ich dir diese alten Geschichten überhaupt? Du weißt doch schon alles. Das

Grab war leer, bis auf die Leinentücher. Drei Tage nach der Kreuzigung zeigte er sich Maria und redete mit ihr. Danach sprach er mit den anderen Frauen und war bei seinen Freunden in Emmaus und am See. Dafür gibt es Zeugen genug. Sie meinten erst, sie sähen einen Geist; aber er aß mit ihnen, und Thomas berührte seine Wundmale, da glaubten sie, dass er es wirklich war. Vierzig Tage danach zeigte er sich hier in Bethanien zum letzten Mal.«

»Ich glaubte, sie hätten ihn in Galiläa zum letzten Mal gesehen«, sagte ich.

Sie lächelte nachsichtig. »Wer weiß«, sagte sie freundlich, »vielleicht ist es so gewesen, wie du glaubst.«

Als ich ihr Haus verließ, machte ich mir Vorwürfe, dass ich sie nicht noch mehr gefragt hatte. Wer weiß, dachte ich, was sie mir alles verschwiegen hat, die treue Hüterin des Glaubens.

Aber zugleich wusste ich, dass es unmöglich ist, bis auf den Grund des Mysteriums hinabzusteigen, und gab mich zufrieden.

Lukas 10,38-42; 23,50-52; 24,33-43;

Johannes 3,1-2; 7,45-52; 11,1-6.17-44; 19,38-42

Maria Magdalena

ie Frau von Simon, dem Aussätzigen, erzählte mir von einem Erlebnis, das mich sehr berührte und das mich immer noch beschäftigt, weil es Fragen enthält, auf die ich keine Antwort weiß.

Das, was sie mir erzählte, ereignete sich in den Wochen vor dem Passahfest.

Jesus und seine Freunde hatten sich in den Höhlen verborgen gehalten und zogen sich im Schutz der Dunkelheit nach Bethanien zurück. Dort gab es Menschen, auf die sie sich verlassen konnten. In Martas und Simons Haus waren sie sicher vor den Verfolgern.

»Tag für Tag hörten wir die Pilgerscharen an unserem Haus vorüberziehen«, erzählte sie. »Alle wollten rechtzeitig zum Passahfest in Jerusalem sein. Als gelte es wieder, sich auf den Exodus vorzubereiten, so wurden die Opferschafe durch die Straßen getrieben, so wurden die ungesäuerten Brote gebacken, so sammelten wir die Bitterkräuter für das Mahl.«

Die Stadt schien zu vibrieren. Über die Menschen war eine große Unruhe gekommen. Die Häuser wurden geputzt, notwendige Besorgungen erledigt, die Synagogen und der Tempel wurden geschmückt, eilige Geschäfte noch rasch abgeschlossen.

Zu allem Überfluss hatte Kajaphas, der Hohe Priester des Jahres, den Ältestenrat zu einer außerplanmäßigen Sitzung einberufen.

Der einzige Tagesordnungspunkt hieß Jesus aus
Galiläa. Einige der ehrwürdigen Ratsherren waren in
großer Sorge, weil der fremde Rabbi größeren Anklang
beim Volk fand, als sie es für möglich gehalten hatten.
Besonders aufgeschreckt waren sie durch den triumpha-
len Empfang Jesu bei seinem demonstrativen Einzug in
Jerusalem. Seine öffentlichen Auftritte und Reden hatten
sie aufmerksam und misstrauisch beobachtet; bisher hatten sie jedoch keinen direkten Grund gehabt, ihn am Reden zu hindern. Aber mit seinem unglaublichen Verhalten im Tempel und mit seinen gotteslästerlichen
Äußerungen hatte er nun die Grenze des Zumutbaren
überschritten. Eine offizielle Stellungnahme war unver-
meidbar geworden, wenn sie ihren guten Ruf nicht gefährden wollten.

Die Mitglieder des Hohen Rates hatten sich im Sitzungssaal versammelt. Alle redeten laut durcheinander, so
dass kein Wort zu verstehen war. Josef von Arimathäa
und Nikodemus standen wie zufällig beieinander. Sie waren sehr besorgt über das einhellig abfällige Reden über
Jesus, den sie beide verehrten.

Nachdem der Vorsitzende sich Gehör verschafft hatte,
forderte er die Herren auf, ihre Plätze einzunehmen. Mit
wenigen Worten wies Kajaphas noch einmal auf den
Zweck ihrer Zusammenkunft hin, bevor er um Wortmel-
dungen bat. Danach diskutierten die Männer des Hohen
Rates erregt den Fall aus Galiläa.

Josef von Arimathäa versuchte, so gut es eben ging in
dieser emotional geführten Debatte, die Wichtigkeit des
Verdächtigen herunterzuspielen. Er wies auf die Friedfer-
tigkeit des Rabbis hin, auf seinen vorbildlichen Umgang
mit Leidenden und behauptete schließlich, durch außerordentliche Maßnahmen, wie zum Beispiel diese Sitzung,
würde die Affäre nur unnötig aufgebauscht und aufge-
wertet.

Allerdings konnte er die Meinung der anderen Ratsmitglieder nicht beeinflussen. Im Gegenteil, seine Argumente riefen nur eine Flut neuer Anklagen und Beweis-
führungen hervor. Besorgt sahen Josef und Nikodemus
sich an, als der Hohe Priester zur Abstimmung drängte.

Das Ergebnis war erwartungsgemäß eindeutig: Der
Hohe Rat forderte die Todesstrafe für Jesus. Und zwar sofort. Jedenfalls noch vor dem Fest.

Der Rabbi Jesus würde für seine Unverschämtheiten
büßen, das stand nun fest, seine Hinrichtung war be-
schlossene Sache. Unverzüglich würde Kajaphas sich in
die Burg Antonia begeben, um das Urteil des Hohen Rates von Pilatus bestätigen zu lassen.

Ungeklärt blieb nur die Frage, wie sie den Verurteilten
in ihre Gewalt bringen konnten, da er untergetaucht war
und niemand wusste, wo er sich zur Zeit aufhielt. Aber
sie würden ihn finden, daran zweifelten sie keinen Augenblick. Sie kannten Mittel und Wege genug, um Verstecke
aufzuspüren.

Der Hohe Priester forderte absolute Geheimhaltung
und wies in seinem Schlusswort noch einmal auf die
Dringlichkeit des Falles hin und dass die Angelegenheit
unverzüglich erledigt werden müsse.

»Ja nicht auf dem Fest!«, warnte er, »damit kein Auf-
ruhr im Volk entsteht!«

Die Sitzung war beendet. Die Diener geleiteten die
Herren nach Haus. Es war Nacht geworden in Jerusalem.
Der Frühlingsmond leuchtete in alle Straßen und Gassen.
Er schien auch über den Häusern von Bethanien.

»Während der Hohe Rat im Palast des Hohenpriesters
in Jerusalem tagte, hatten sich Jesus und seine Freunde in
unserem Haus versammelt. Wenn es im Sitzungssaal in
Jerusalem zu laut herging an diesem Abend, dann war es
bei uns zu still. Die Stimmung war bedrückt. Auch das
gute Essen, das ich gekocht hatte, konnte die Anwesen-

den nicht aufmuntern. Sie saßen da und hingen ihren Gedanken nach«, erzählte Simons Frau.

Petrus lag auf seinen Kissen und stellte sich gerade vor, er sei zu Hause am See und fahre hinaus zum Fischen. Er fühlte den frischen Wind auf seiner Haut und hörte das Geräusch der Wellen. Als Maria den Türvorhang zur Seite schob und den Raum betrat, erwachte er aus einem angenehmen Traum und sah sie erstaunt an. Die anderen nahmen keine Notiz von ihr. Nur Jesus nickte ihr freundlich zu, trotz seiner sorgenvollen Gedanken.

Ihr Herz zog sich zusammen, wenn er sie so ansah. So vertraut, so liebevoll, so von weit her. Sie setzte sich zu ihm in ihrer unauffälligen, stillen Art und zog ein Fläschchen aus ihrem Gewand, zerbrach es mit einem geschickten Griff, und augenblicklich entströmte ihm ein wunderbarer Duft, der alle aus ihren Gedanken riss.

Was hatte Maria vor? Ganz selbstverständlich und sicher hantierte sie. Wie eine Priesterin. Sie träufelte das duftende Salböl auf seinen Kopf und seine Füße und verrieb es sanft auf seiner Haut. Dabei sprach sie leise die uralten Segensworte: »Ich segne dich, Jesus von Galiläa, mit dem Segen des Himmels von oben, mit dem Segen tieflagernder Urflut, mit dem Segen von Brüsten und Schoß« (1. Mose 49,25).

Jesus spürte die Kraft, die von ihr ausging, eine Energie, die ihn durchströmte, die ihn leicht machte und seine Angst löste. Er fühlte, dass er ihren Segen und ihre Kraft brauchte für den Weg, den er zu gehen hatte.

Liebevoll entfernte sie die Reste des Salböls mit ihren eigenen Haaren. Alles geschah würdevoll, als lasse sie sich von einer inneren Stimme leiten, als wisse sie, was zu tun ist.

So war es immer mit Maria. Sie hat immer das Richtige getan. Jesus war diese Begabung längst aufgefallen, und er hatte ihr Mut gemacht, zu sich zu stehen. Aber außer ihm schien das niemand zu begreifen. Im Gegenteil. Sie fanden immer wieder etwas an ihr auszusetzen. Sie erklärten ihr Handeln für sinn- und zwecklos, hielten es für Zeit- und Geldverschwendung, im Grund für Naivität und Dummheit und nichts weiter.

Für die Jünger war diese Szene typisch für Maria. Was war denn diese nutzlose Verschwendung des kostbaren Salböls, das generationenlang gehütet und aufgehoben worden war, anderes als eine sinnlose Tat am falschen Platz? Sie waren ärgerlich. Zu Recht waren sie ärgerlich. Und außerdem konnten sie es nicht leiden, dass eine Frau sich derart in den Vordergrund drängte. Es war ihnen auch peinlich, wenn sie weinte und sich so gehen ließ. Sie maulten und taten beleidigt.

Allerdings wagten sie nicht, sie direkt zu tadeln. Statt dessen redeten sie über das kostbare Salböl. Dass man es teuer hätte verkaufen können; dass man dafür mindestens 300 Silberstücke bekommen hätte; dass man damit vielen Notleidenden hätte helfen können. Christliche Nächsten- liebe, jawohl, dafür hätte man es verwenden können. Öffentlichkeitsarbeit. Eine öffentliche Spende für die Ar- men von Jerusalem. Das wäre etwas gewesen, das sich gelohnt hätte, das ihnen auch geholfen hätte, ihr Ansehen zu verbessern. Das hätte ihnen allen geholfen. Aber dieses Getue hier, diese sinnlose Vergeudung, die nützte doch keinem etwas.

Was mag in Maria vorgegangen sein während ihrer ab- fälligen Bemerkungen? War sie erschrocken über die Be- griffsstutzigkeit der Männer? Vielleicht hatte sie gar keine andere Reaktion erwartet. Hatte sie überhaupt zugehört? Sie war es gewohnt, gescholten zu werden, es war ja nicht das erste Mal. Menschen wie sie machten in den Augen der anderen ständig etwas falsch. Entweder regten sie sich auf, weil sie untätig herumsaß, während sie sich abracker- ten, oder sie regten sich auf, weil sie etwas tat, auf das sie selbst nicht gekommen waren.

Simons Frau sagte: »Am meisten ärgerten sie sich darüber, dass Jesus sie ständig in Schutz nahm und dass er sie ihnen auch noch als Vorbild hinstellte. Er liebte sie, und deswegen war sie immer im Vorteil. Ich glaube, manchmal hätten sie sie am liebsten verprügelt; aber das wagten sie nicht.«

Jesus war ungehalten. »Hört auf! Hört endlich auf, an ihr herumzunörgeln! Sie hat es genau richtig gemacht!«, sagte er. »Hört doch auf mir eurem Gerede von den Armen! Denen könnt ihr noch genug Gutes tun, darum macht euch nur keine Sorgen. Aber sie ist eine, die das All kennt, ihre Visionen und Einsichten übertreffen alle eure Gedanken.«

Wie gern hätte sie sich in seine Arme geschmiegt. Aber sie war so grenzenlos traurig über alles, was sie voraussah und über die feindselige Stimmung im Raum, dass sie nur still vor ihm sitzen blieb. Sie fühlte sich erschöpft, leer und traurig. Die Traurigkeit umhüllte ihre Liebe zu diesem Mann wie ein dunkles Gewand. Sie spürte, wie sich alles aufzulösen begann, wie alles zerrann, auf das sie sich verlassen hatte. Dieser vom Tod bedrohte geliebte Mensch, diese unverständigen Freunde – welch einen Ausweg hätte es denn geben können aus ihrer Traurigkeit? Tränen liefen über ihr Gesicht, tropften durch ihre Hände und fielen auf seine Füße.

»Lasst sie in Ruhe«, sagte Jesus, »sie hat mir viel Gutes getan.« Er tupfte die Tränen mit ihren Haarspitzen fort.

Als er das sagte, überlegte der eine oder andere, wann er Jesus Gutes getan hatte. Immer war er es gewesen, von dem sie Zuwendung erwarteten und bekamen. Unentwegt hatte er seine Kraft, seine Liebe an andere verschwendet; aber wer war denn von ihnen auf den Gedanken gekommen, ihn zu beschenken, ihm Gutes zu tun?

Maria hatte es getan. Für dich vergossen. Ja, das hatte sie getan, und es wurde ihr übel genommen. Johanna,

Susanna, Salome hatten ihm ihr Vermögen geschenkt, Marta und die Schwiegermutter von Petrus hatten ihm ihre Häuser zur Verfügung gestellt. Die Frau am Brunnen hatte ihm zu trinken gegeben. Maria, seine Mutter, hatte ihn geboren und sich um ihn gesorgt. Aber was hatten sie, seine Jünger und Freunde, für ihn getan, außer dass sie ihm gefolgt waren?

»Diese Nacht war wie keine andere angefüllt mit Liebe und Hass, mit Zärtlichkeit, mit Nachdenken und Unverstand«, sagte sie. »Einige Männer zerbrachen sich die Köpfe, wie sie Jesus am unauffälligsten beseitigen könnten. Einige Männer zerbrachen sich die Köpfe, wie sie ihn retten könnten. Aber eine Frau handelte.«

»Sinnlos«, sagten sie, »was du tust, ist sinnlos und umsonst, Maria!«

Aber Jesus sagte: »Solange von mir die Rede sein wird, wird man auch davon erzählen, was sie an mir getan hat.«

»Doch weil das Evangelium später von jenen Männern verkündet wurde, denen er versucht hatte, die Handlungsweise einer Frau begreiflich zu machen, ist die Geschichte dieser Nacht eine andere Geschichte geworden«, sagte Simons Frau. Und ich überlegte, wie sie denn sonst überliefert worden wäre? Etwa wie eine Liebesgeschichte? Ja, vielleicht wie eine rührende Geschichte von Liebe und Tod.

MATTHÄUS 26,3-13; MARKUS 14,1-9; LUKAS 7,36-50;
JOHANNES 12,1-8

Die Frau des Pilatus

Langsam bewegte sich der Fackelzug durch die Kidronschlucht den Ölberg hinauf. Der Feuerschein beleuchtete die Gesichter der Männer. Ihre Stimmen, das gelegentliche Klirren ihrer Waffen, ihr stampfender Marschtritt, alle Geräusche waren deutlich im Garten zu hören.

Immer kommen die Häscher in der Nacht, wenn die Menschen wehrlos sind, wenn sie sich sicher fühlen im Schutz der Dunkelheit. Aber die Nacht liefert die Träumer aus, die glauben, sie seien unsichtbar.

Die schlaftrunkenen Jünger beobachteten den gespenstischen Zug, der sich langsam näherte. Längst bevor die Kohorte den Garten erreicht hatte, hatten sie sich hinter der Mauer und unter den Bäumen versteckt. Wie Kinder, die sich die Augen mit den Händen bedecken und glauben, sie seien unsichtbar, hockten sie im Gebüsch und zitterten trotzdem vor Angst.

Jesus, der mutig und kein Träumer war, ging den Fackelträgern entgegen und fragte: »Wen sucht ihr?«

»Jesus von Nazareth«, antworteten sie.

»Ich bin es«, sagte Jesus so unerschrocken, als wüsste er nicht, was ihn erwartete.

Sie nahmen ihn in ihre Mitte und führten ihn ab. Er wehrte sich nicht, als sie ihn zum Palast führten.

Im Garten am Ölberg war es danach totenstill. Der Mond kam hinter den Wolken hervor und tauchte Bäume,

Mauern, Blumen und Sträucher in eine fahle, milchweiße
Dämmerung. Die Ruhe, die sich über dem Garten aus-
breitete, war entsetzlich in ihrer Teilnahmslosigkeit. Die
Nacht war kühl, und die eben noch menschenwarme
Höhle, in der sie sich versteckt hatten, war wie ein Grab.
Noch bebte die Erde nicht. Es war, als hielte sie den Atem
an, als habe sie der Ostermond in seiner Gewalt.

In dieser seltsamen Nacht lag eine Frau in Jerusalem in
ihrem weichen Bett und träumte einen seltsamen Traum.

Sie sah ein großes Zeichen am Himmel: Eine Frau war
mit der Sonne bekleidet; der Mond war unter ihren Füßen,
und auf dem Kopf trug sie ein Kreuz von zwölf Sternen. Sie
war schwanger und schrie in den Geburtswehen.

Dann erschien ein anderes Zeichen am Himmel: Es
war ein Drache, groß und feuerrot, mit sieben Köpfen
und zehn Hörnern und mit sieben Diademen auf seinen
Köpfen. Sein Schwanz fegte ein Drittel der Sterne vom
Himmel und warf sie auf die Erde herab. Der Drache
stand vor der Frau, die gebären sollte; er wollte ihr Kind
verschlingen, sobald es geboren war...

Die Träumende schrie im Traum, als der Drache näher
und näher kam. Ihre Kammerzofe wachte auf, warf sich
ein Tuch über die Schultern und eilte zu ihr. Sie sah ihre
Herrin aufrecht im Bett sitzen, schweißnass, und sie wie
einen Geist anstarren. Nachdem es ihr gelungen war, sie
zu beruhigen, lehnte sich die Frau erschöpft in die Kissen
zurück und sagte:

»Ich sah ein Tier aus dem Meer steigen, mit zehn Hörnern und sieben Köpfen. Auf seinen Hörnern trug es
zehn Diademe und auf seinen Köpfen Namen, die eine
Gotteslästerung waren...«

Die beiden flüsterten miteinander. Sie versuchten, den
Traum zu deuten, ihm einen Sinn zu geben. Aber es gelang ihnen nicht. Noch war ihre Welt in Ordnung. Und
doch war es ihnen, als habe sich der Vorhang, der die Zu-

kunft verbirgt, in dieser Nacht plötzlich einen Spalt breit
geöffnet.

Die Fackeln im Hof, die kurzen Befehle, der Marschtritt der Kohorte erschreckten sie aufs neue. Auch im
Haus wurde es laut. Jemand klopfte an Türen, jemand
eilte die Treppen hinauf, jemand sprach mit den Wäch-
tern und Dienern. Sie hörten Pilatus Stimme, wie er
fragte und Antwort bekam.

Die Kammerzofe erbot sich, Erkundigungen einzuho-
len. Sie verließ das Schlafgemach und verschwand in den
halbdunklen Gängen des weitläufigen Palastes.

Als sie zurückkam, wurde es bereits hell. Sie berichtete
ihrer Herrin, ein Jude aus Galiläa sei verhaftet worden.

»Im Hof traf ich die Sklavin des Hohenpriesters«, erzählte sie. »Sie zeigte auf einen Mann, von dem sie wusste, dass er ein Freund des gefangenen Galiläers war. Ich
ging zu ihm und fragte ihn nach Einzelheiten über seinen
Freund. Aber er behauptete, er kenne diesen Menschen
nicht. Darüber lachten die Soldaten. Und auch seine
Sprache verriet ihn.«

Sie berichtete weiter, dass sich Pilatus in den Gerichtssaal begeben habe, um den Gefangenen zum Tod zu verurteilen, wie es der Hohe Priester Kajaphas und dessen
Schwiegervater Hannas und der Hohe Rat dringend for-
derten. Sie hätten es eilig mit dem Urteilsspruch, weil die
Juden morgen ihr großes Frühlingsfest feiern wollten.

Ihre Herrin fragte nach dem Namen und dem Ver-
schulden des Angeklagten.

Die Zofe sagte: »Einige halten ihn für den Messias, den
Heiland und Erlöser der Menschheit, sie nennen ihn
Sohn Gottes. Sein Name ist Jesus von Nazareth.«

Als sie seinen Namen hörte, fuhr sie erschrocken auf.
Die Traumbilder wurden Wirklichkeit! Der Drache stand
vor der Frau und wollte das Kind verschlingen und mit
ihm alle, die an ihm festhielten!

Sie verlangte nach einer Schreibtafel und Kreide und schrieb: »Lass die Hände von diesem Mann, er ist unschuldig! Ich hatte seinetwegen heute Nacht einen schrecklichen Traum.« Sie reichte die Tafel ihrer Zofe mit dem Befehl, sie augenblicklich ihrem Gatten zu bringen.

Die Dienerin eilte zum Prätorium, übergab dem Gerichtsdiener die eilige Botschaft, der brachte sie unverzüglich in den Gerichtssaal und händigte sie Pilatus aus. Die Zofe hatte sich in den Saal geschlichen und sah, wie er die Nachricht seiner Gemahlin las und die Tafel nachdenklich in sein Gewand steckte.

In der Nacht, in der Jesus gefangen genommen und verurteilt wurde, ereigneten sich seltsame Dinge in Jerusalem. Die Jünger flohen in Panik und brachten sich in Sicherheit. Einer verriet ihn, einer verleugnete ihn, und jemand litt um ihn im Traum. Eine Fremde, eine Römerin, eine Frau. Die Frau des Pilatus.

Der Legende nach wurde ihr Ehemann später Christ. So wurde der Hingerichtete zum Gott seines Richters, weil eine Frau um ihn im Traum gelitten hatte.

Während ich am Gartentor auf den Engel wartete und die uralten Olivenbäume bestaunte, Relikte vergangener Zeit, dachte ich über die eigentümlichen Geschichten nach, die im Heiligen Land lebendig werden. Dort ist die Erde getränkt mit Erinnerungen, mit wahren und halbwahren und erdachten Geschichten, mit Erlebnissen, die wirklich stattgefunden haben, und solchen, die die Sehnsüchte und Hoffnungen der Gläubigen hervorbrachten. Könnten Gethsemanes Bäume reden, erzählten sie von dem, was sich während ihres unermesslich langen Lebens in Jerusalem zugetragen hat, wer hätte denn Zeit, ihnen zuzuhören?

MATTHÄUS 27,19; MARKUS 14,48-52.66-71; JOHANNES 18,1-5; OFFENBARUNG 12,1-6; 13,1-8

Frauen am Grab

Das Grab befand sich auf dem Grundstück eines unbescholtenen, angesehenen Jerusalemer Bürgers. Josef von Arimathäa, ein Jünger Jesu, aber aus Furcht vor den Juden nur heimlich, hatte es sich zu seinen Lebzeiten gekauft als Erbbegräbnis für seine Familie. Es war fachgerecht in die Felswand gehauen, die den Garten an zwei Seiten abgrenzte, ein weiträumiges Grab, das aus drei Kammern bestand.

Josef, der Gartenbesitzer, hielt es für ausreichend und angemessen für sich und seine Familie. Besonders stolz war er auf den großen Rollstein, der den Eingang der Grabanlage verdeckte. Es war ein sehr großer, flacher Stein, sauber gehauen, kreisrund, der in einer steinernen Rinne zur Seite geschoben werden konnte, um das Grab bei Bedarf zu öffnen.

Der Garten war ein kleines sonnendurchflutetes Paradies unterhalb des Berges, den sie *Schädelstätte* nannten. Josef hatte dort, gleich nachdem er das Grundstück erworben hatte, Schatten spendende Bäume anpflanzen lassen und großblättrige Büsche, auch Obst gedieh dort, Oliven vor allem, und duftende Kräuter, mit denen seine Frau den Lammbraten würzte, Rosmarin, zu den Festtagen. Rosen, Lilien und leuchtend roter Klatschmohn schmückten die Wegränder, weißer Jasmin und gelbe Mimosen erfüllten die ganze Anlage mit ihrem verschwenderischen Duft, und in der Nähe des Eingangstores wuchs eine Dattelpalme, deren rotbraune Fruchtbüschel sein Herz erfreuten.

Das erste aber, was Josef anlegen ließ, bevor die Pflanzen dort Einzug hielten, war eine tiefe Zisterne, deren Wasser nie versiegte, so großzügig wurde sie gebaut. Das Wasser benötigte er vor allem für die Bewässerung der Rebstöcke, denn Josef war ein Liebhaber guter Weine, die er inzwischen selbst kelterte. Alles wuchs hervorragend in diesem Garten am Rande der Stadt.

Selbstverständlich benötigte Josef die Erträge, die sein Garten abwarf, nur zum Eigenverbrauch. Nicht, dass die Römer noch auf die Idee kämen, ihm dafür eine Erwerbssteuer aufzuerlegen! Nein, sein Garten war nur eine kleine, ganz private Liebhaberei. Auch wenn er hier und da eine Kanne Wein oder einen Krug Olivenöl verkaufte, konnte niemand behaupten, er mache damit Geschäfte.

Aber in letzter Zeit fühlte Josef sich nicht wohl. Er hatte Kummer und große Sorgen. Erst kürzlich hatte er sich wieder mit Nikodemus, seinem Kollegen im Hohen Rat, hierher zurückgezogen, um mit ihm ungestört über die Ereignisse zu reden, die sie beide sorgenvoll beobachteten. Der Garten war der verschwiegenste Ort der ganzen Stadt, hier hörte sie niemand. Und auf den Gärtner war Verlass, außerdem war er fast taub. Er sah die Herren nur in Gedanken versunken die Kieswege entlanggehen, die Hände auf dem Rücken verschränkt, die Köpfe sorgenvoll geneigt, und reimte sich das eine und andere zusammen. Aber niemals würde er ein Sterbenswörtchen darüber verlieren. Nicht einmal seiner Frau erzählte er, wen er im Garten gesehen hatte.

Josef und Nikodemus durchdachten alle möglichen Auswege und verwarfen sie wieder. Das Unglück nahm seinen Lauf, das schien so gut wie sicher zu sein und leider unabwendbar, weil Jesus, dem ihre kummervollen

Gedanken und Gespräche galten, unbeirrt weiter in die gleiche Richtung ging.

Wenn er doch nur einmal, nur ein einziges Mal abstreiten würde, was über ihn geredet wurde! Wenn er sich doch durch seine Ehrlichkeit und Offenheit nicht selbst immer weiter ins Abseits drängen ließe! Man wusste ja gar nicht mehr, was man noch unternehmen sollte, um ihn zu schützen. Inzwischen waren sie auf alles gefasst. Kurz vor dem Passafest trafen sie sich hier zum letzten Mal, um miteinander zu reden, und Josef erklärte sich bereit, die neue Grabanlage zur Verfügung zu stellen, falls es zum Äußersten kommen sollte.

Leider trat dieses Schlimmste ein, das sie befürchtet hatten. Jesus wurde verhaftet, verurteilt und in aller Eile, noch vor dem Fest, öffentlich hingerichtet. Das Entsetzliche war tatsächlich geschehen.

Glücklicherweise war Longinus, der später heilig gesprochen wurde, der wachhabende Offizier auf der Schädelstätte gewesen. Er hatte den Schwamm in das bereitgestellte Gebräu getaucht und es dem Gekreuzigten, fast gegen dessen Willen, eingeflößt. Später hatte er die Haut des leblosen Körpers mit der Lanze geritzt, um seinen Tod zu beweisen, anstatt ihm die Knochen zu brechen, wie es sonst üblich war auf der Schädelstätte. Als Josef den Statthalter um den Leichnam des gekreuzigten Galiläers zum Zwecke der Beisetzung bat, war Pilatus überrascht, dass Jesus bereits tot sei. Aber der Hauptmann Longinus bestätigte es ihm, und der Statthalter überließ Josef den Leichnam. Nikodemus war rasch zur Stelle mit den Tüchern und der Salbenmischung, um den Toten einzubalsamieren.

Die Neugierigen, die Sensationshungrigen, die sich nach Möglichkeit jede Hinrichtung ansahen, hatten sich schon wieder verlaufen. Seine Freunde waren in panischem Schrecken davongerannt. Nur die Frauen waren dageblieben und hielten Wache unter dem Kreuz. Stumm, verzweifelt, klagend und weinend, erschüttert standen sie da, in tiefer Trauer.

Eigentlich hätten sie sich wundern müssen, dass Josef und Nikodemus, Mitglieder des Hohen Rates und angesehene, reiche Bürger, sich auf der Hinrichtungsstätte persönlich um Jesus kümmerten. Josef nahm ihn eigenhändig vom Kreuz, und Nikodemus schleppte hundert Pfund Salbe, das sind ungefähr zweiunddreißig Kilogramm, und die Tücher herbei. Wahrscheinlich halfen sie den Männern, die Salbenmischung auf das saubere Leinen zu verstreichen und den geschundenen Körper damit zu umhüllen. Salbenverbände anzulegen, Sterbende zu begleiten, Tote zu waschen, das war doch eigentlich Frauensache.

Dann war alles getan, was zu tun war. Der Gekreuzigte lag in der sauberen Grabkammer in Josefs wunderschönem Garten. Der Rollstein wurde vor die Öffnung gerollt, die Wachen bezogen ihren Posten vor dem Eingang, wie die besorgten Juden es von Pilatus verlangt hatten, weil sie fürchteten, jemand könnte kommen, den Leichnam entwenden und das Gerücht verbreiten, er, der sich *Sohn Gottes* genannt hatte, sei auferstanden von den Toten.

Als die Nacht über Jerusalem hereinbrach, als die Sabbatruhe begann, war auch der Garten von tiefer Ruhe erfüllt. Nur vereinzelt war das Rufen der Nachtvögel zu hören. Der Jasmin verströmte seinen berauschenden Duft, und der volle Ostermond beschien die Wege, die zu dem Grab in der Felswand führten. Eine friedlichere Nacht konnte sich niemand vorstellen, und keinen geschützteren Hort in der ganzen Stadt als dieses Grundstück, das jemand einmal so klug ausgewählt und liebevoll hergerichtet hatte.

Am übernächsten Vormittag, am ersten Tag der Woche, frühmorgens, als die Sabbatruhe beendet war, trafen sich

Maria Magdalena, Johanna, Maria, die Mutter des Jakobus, und Salome wie verabredet vor dem Garten, um die
Verbände zu erneuern und den geliebten Freund und
Bruder zu salben. Unterwegs hatten sie sich sorgenvolle
Gedanken darüber gemacht, wie sie unbemerkt an den
Wachen vorbei in den Garten kommen könnten. Und
vor allem beschäftigte sie die bange Frage: Wer wälzt uns
den Stein von des Grabes Tür? Solch ein Rollstein war
nur schwer zu bewegen. Noch nie hatten sie versucht, es
selbst zu tun. Trotzdem gingen sie zielstrebig weiter.

Aber ihre Sorgen waren umsonst. Die Wächter schliefen.
Die Nachtwache war lang gewesen, der Tote war tot, die Lebenden fürchteten sich, und das Grab war versperrt, warum
sollten sie nicht ein wenig schlafen? Unbemerkt schlüpften
die Frauen an ihnen vorbei in den Garten.

Maria von Magdala dachte, ihr Herz müsse zerspring-
en, so aufgeregt und ängstlich folgte sie den anderen, die
schon die Gartenwege entlangeilten, um möglichst rasch
den Blicken der Wächter zu entkommen.

Schweratmend setzte sie sich auf eine Bank in der Nähe
des Grabes, um ihr Herz zu beruhigen. Aber schon kamen die anderen Frauen wieder zurück. Sie redeten alle
durcheinander.

»Der Rollstein ist zur Seite geschoben!«

»Eine helle Erscheinung ist im Grab!«

»Ich habe einen Engel gesehen!«

»Er hat uns angesprochen!«

Johanna sagte, ein junger Mann habe auf der rechten
Seite des leeren Grabes gesessen. Sie erinnerte sich genau
an seine Worte: »Fürchtet euch nicht!«, hatte er gesagt.
»Ich weiß, ihr sucht Jesus, den Gekreuzigten. Er ist nicht
hier; denn er ist auferstanden. Kommt her und seht euch
die Stelle an, wo er lag.«

Salome dagegen wollte schwören, dass er gesagt habe:
»Geht schnell zu seinen Jüngern und sagt ihnen: ›Er ist

von den Toten auferstanden. Er geht euch voraus nach Galiläa, dort werdet ihr ihn sehen.'»

Maria, des Jakobus Mutter, glaubte felsenfest, es seien zwei Engel gewesen, die zu ihnen sagten: »Was sucht ihr den Lebenden bei den Toten?« Aber auch sie hatte gehört, dass sie sagten, sie sollten es den anderen berichten, dass Jesus auferstanden sei und lebe.

So aufgeregt wie an diesem Morgen war es selten zugegangen in Josefs friedlichem Garten. Alles schien wie auf den Kopf gestellt. Das Grab war leer. Jesus, zu dem sie gekommen waren, um ihn zu beweinen, war unterwegs nach Galiläa. Sie konnten es nicht fassen!

Maria von Magdala hörte sich ihr wirres Reden an. Etwas musste geschehen sein von Freitagabend bis Sonntagmorgen. Etwas Ungeheuerliches, was niemand verstand. »Worauf wartet ihr noch?«, fragte sie. »Los! Beeilt euch! Sagt es den Jüngern!«

Sie selbst wollte im Garten bleiben und auf sie warten, denn bestimmt würden sie hierher kommen, um alles selbst in Augenschein zu nehmen.

Nachdem ihre Freundinnen davongeeilt waren, ließ sie ihren Tränen endlich freien Lauf. So also endete das Drama. Die Römer oder die Juden oder wer auch immer hatten seinen Leichnam gestohlen. Nicht einmal die traurige Liebestat der Balsamierung war ihnen geblieben. Sie weinte so sehr, dass es sie schüttelte. Dann erhob sie sich und ging langsam zu dem offenen Grab in der Felsenwand. Obwohl sie die Tränen wegwischte, sah sie alles nur wie durch einen Schleier, als sie sich vorbeugte und in die Grabkammer hineinschaute. Waren das wirklich Engel in weißen Gewändern? Einer saß dort, wo der Kopf, der andere dort, wo die Füße Jesu gelegen hatten.

»Frau, warum weinst du?«, fragten sie die Engel, so als wunderten sie sich, dass sie weinte, anstatt sich zu freuen.

Hatten ihr die Freundinnen nicht gerade alles haarklein erzählt, was geschehen war?

»Man hat meinen Herrn weggenommen, und ich weiß nicht, wohin man ihn gelegt hat«, sagte sie als Erklärung für die Tränen, die ihr nun wieder über die Wangen liefen.

Hinter sich hörte sie ein Geräusch. Sie wandte sich um und sah einen Mann auf dem Weg, der auf sie zu warten schien. Ein wenig unschlüssig ging sie auf ihn zu. Auch er fragte sie: »Frau, warum weinst du?«

Sie hielt ihn für den Gärtner.

»Herr, wenn du ihn weggebracht hast, dann sag mir, wohin du ihn gelegt hast«, bat sie.

Da sagte er: »Maria!«

Und sie erkannte ihn an der Stimme und an der Art, wie er ihren Namen aussprach. Ihr war, als bebe die Erde, so sehr erschrak sie und freute sich zugleich.

»Rabbuni!«, schluchzte sie und wollte ihn umarmen vor lauter Glück.

Aber er sagte zu ihr: »Fass mich nicht an, Maria. Noch ist nicht alles vollbracht.«

Und weiter sagte er, der Auferstandene, zu ihr: »Geh zu meinen Brüdern und sage es ihnen!«

Da verließ Maria von Magdala den stillen Garten und ging in die laute Stadt, um die Traurigen zu trösten, die glaubten, ihre Hoffnung sei zu Grabe getragen. Sie sagte zu ihnen: »Der Herr ist auferstanden! Er ist wahrhaftig auferstanden! Ich habe ihn gesehen, und er selbst hat es mir gesagt, dass ich euch die frohe Botschaft verkündigen soll.«

Aber sie glaubten ihr nicht. Sie gingen zwar sofort und auf dem schnellsten Weg in den Garten, denn auch von den anderen Frauen hatten sie die aufregenden Neuigkeiten schon gehört, aber ihr Verstand sagte ihnen, dass es unmöglich ist. Und nun wollte Maria ihm auch noch persönlich begegnet sein und mit ihm geredet haben! Märchen, nichts als Märchen, dachten sie skeptisch und von vornherein enttäuscht.

Petrus erreichte das Grab als erster. Er sah den Rollstein zur Seite geschoben und entdeckte die Leinentücher in der Ecke. Sonst nichts. Er konnte weder einen noch zwei Engel und schon gar keinen Auferstandenen erkennen. Er hörte auch keine Stimmen. Was Wunder, dass er nichts von dem glaubte, was Maria und die anderen Frauen daherredeten.

Und wie Petrus erging es allen anderen Jüngern, die an diesem Sonntagmorgen nach und nach fassungslos vor dem leeren Grab standen und sich fragten, was sich diejenigen, die ihren toten Freund gestohlen hatten, wohl dabei gedacht haben mochten, und warum sie es getan hatten.

Warum glaubten sie den Frauen nicht? Lag es daran, weil sie davongelaufen waren, als es zur Hinrichtung kam, dass sie sich verkrochen hatten, um von dem entsetzlichen Ende ihres Herrn und Meisters nichts hören und sehen zu müssen?

Aber ist es nicht auch einleuchtend, dass der Auferstandene denen, die ihn nicht einsam und allein sterben ließen, sondern bei ihm wachten und bei ihm blieben, dass er den Frauen zuerst erschien?

Die Jünger erkannten ihn in Emmaus erst, als er das Brot brach. *Und als er mit ihnen bei Tisch war, nahm er das Brot, sprach den Lobpreis, brach das Brot und gab es ihnen. Da gingen ihnen die Augen auf, und sie erkannten ihn.* Das war ein wenig später, ein wenig anders, aber für sie eindrucksvoller als das Erlebnis der Frauen, das sie nicht nachvollziehen konnten. Niemand sieht Gott durch fremde Augen.

Die Frauen hatten zu den Männern gesagt: »Geht nach Galiläa, dort werdet ihr ihn sehen.« Sie konnten sie nicht

überzeugen mit ihren Worten, sie konnten sie nur auf
den richtigen Weg bringen.

Und das haben sie getan.

MATTHÄUS 27,33-28,20; MARKUS 15,22-16,20;
LUKAS 23,44-24,53; JOHANNES 19,16-31

Tabita

un führe ich dich zum letzten Mal zu einer Frau«, sagte der Engel zu mir. »Sieh sie dir an. Und wenn es dir möglich ist, stimme in ihr Lachen ein.«

Wir machten uns noch einmal auf den Weg. Am späten Nachmittag erreichte ich Joppe. Ich hörte von Tabita, der Gazelle, wie sie genannt wurde, die ihre Zeit damit verbrachte, Gutes zu tun.

Was kann ich für dich tun? lautete die Frage, die ihr Leben bestimmte, und die Leute bewunderten sie wegen ihrer Selbstlosigkeit und liebten sie wegen ihrer Hilfsbereitschaft.

So selbstlos und hilfsbereit, so gewandt und geschickt wie sie war keine. Ihre Näharbeiten waren über Joppe hinaus begehrt. Wer einen alten Rock ausgebessert haben wollte oder ein neues Kleid brauchte, wer ein Loch im Umhang zu stopfen oder einen Riss in der Hose zu nähen hatte, ging zu Tabita und konnte gewiss sein, ein gut gearbeitetes Kleidungsstück zurück zu bekommen. Und wer ein Almosen haben wollte, ging auch zu Tabita und bekam es, selbst wenn sie es sich vom Munde absparen musste.

So ging es jahrein, jahraus, bis es sie plötzlich nicht mehr gab. Sie war tot. Die Leute von Joppe wollten es nicht glauben, dass sie so unerwartet von ihnen gegangen war. Wie konnte das sein? Wie konnte sie ihnen das antun?

Sie schickten zu Petrus, von dessen wunderbaren Heilerfähigkeiten sie gehört hatten, und flehten ihn an, ihre flinke Gazelle, die fleißige Tabita, wieder ins Leben zurückzurufen. Sie führten ihn ins Obergemach, in dem die Verstorbene aufgebahrt lag.

Dort erwarteten ihn die Frauen aus Joppe, die Witwen, die die Totenklage hielten. Sie zeigten ihm die wunderbaren Kleider und Mäntel, die Tabita ihnen genäht hatte, und brachen dabei immer wieder in herzzerreißendes Wehklagen über den Verlust aus, den sie durch ihren Tod erlitten hatten.

»Sie war eine Heilige«, schluchzten sie.

Ich stand ein wenig ratlos herum. Vergebens sah ich mich nach dem Engel um. Wo hielt er sich verborgen? Warum hatte er mich in dieses Obergemach geführt, in dieses beklemmend enge Haus? War Tabita die Frau, die er mir zeigen wollte?

Mir fiel Shen Te ein, der gute Mensch von Sezuan. Vielmehr hatte ich schon gleich an sie gedacht, als ich von Tabita hörte. Auch Shen Te war eine unglaublich gütige Frau gewesen, und ihre Hilfe wurde ebenfalls gern und selbstverständlich in Anspruch genommen. Schließlich konnte sie sich den Anforderungen nicht mehr anders entziehen als indem sie verschwand. Als die armen, habgierigen Leute von Sezuan annehmen mussten, dass sie gestorben war, klagten und weinten sie genauso bitter über ihren Verlust wie die Frauen im Obergemach, in dem Tabita lag und nichts mehr für sie tat.

Petrus schickte alle fort. Alle Klageweiber, alle neugierig Herumstehenden, alle Hilfsbedürftigen. Darum weiß bis heute niemand, wie es ihm gelungen ist, sie ins Leben zurückzurufen.

»... wenn es dir möglich ist, stimme in ihr Lachen ein«, hatte mein Engel gesagt. Noch nie war er mir so rätselhaft erschienen wie jetzt. Was immer er gemeint haben mochte, in Joppe hatte ich jedenfalls kein Lachen gehört, in das ich hätte einstimmen können.

Ich ging hinunter zum Wasser und wünschte, er wäre bei mir.

Als ich den menschenleeren Strand entlangschlenderte, die Stille genoss und den weiten Blick über das Meer, dessen Horizont sich im Himmelblau verlor, sah ich ihn plötzlich in der Ferne. Er schien auf mich zu warten.

Aber er war anders als sonst. Langsam ging ich auf ihn zu. Er war nicht leuchtend und hell, wie ich ihn bisher immer gesehen hatte, sondern dunkel. Er stand da wie ein grünschwarzes Monument. Groß und mächtig hob er sich von dem leuchtend blauen Nachthimmel ab. Er hatte sich dem Meer zugewandt und die Flügel ausgebreitet, als wolle er gleich davonfliegen. Sein Gesicht konnte ich nicht erkennen, es war von einem Schleier verdeckt. Als ich ganz nahe bei ihm war, blieb ich verwirrt stehen.

»Du bist eine Frau!«, entfuhr es mir.

Da hörte ich das Lachen. Ein dunkles, kollerndes, schwer zu deutendes, ansteckendes Lachen. Sie stand da, kräftig, mächtig, gewaltig, stemmte sich gegen den Wind, das Meer, stand da mit hocherhobenen Armen, den Kopf in den Nacken gelegt, einen Fuß hatte sie vorgestellt, und lachte. Sie sah aus, als leiste sie den Elementen Widerstand. Ihr Schleier wehte hinter ihr her, ihr Kleid wehte im Wind. Ein machtvolles Algizzeichen, eine Abwehrrune, ein Schutzmal.

Ich stellte mich neben sie und sah in die Richtung, in die sie wies. Alles war friedlich und still. Das Wasser kräuselte sich, der Strand war immer noch menschenleer. Weich und warm umwehte mich ein sanfter Wind, die Nacht war zauberhaft. Aber die Frau neben mir blieb abwehrbereit.

Lange versuchte ich, ihre Geste zu verstehen. Was wollte sie mir sagen? Wohin zeigte sie? Verwundert und nachdenklich ging ich um sie herum und besah sie mir von allen Seiten. Eine stumme Riesin am nächtlichen Strand. Warum verstand ich sie nicht?

Erst gegen Morgen, als die Sterne schon blasser wurden und das Meerwasser glänzte in Erwartung des Sonnenlichtes, meinte ich, sie allmählich zu verstehen. Sie hält mich nicht fest und weist mich nicht fort, dachte ich. Sie will, dass ich meiner Wege gehe und in meine eigene Welt zurückkehre. Sie gibt mich frei.

Nachdem mir das klar geworden war, wusste ich, dass meine Pilgerfahrt nun zu Ende iwar. Dass es Zeit war, zu gehen. Ohne zu zögern wandte ich mich ab. Zu meinem Erstaunen fiel mir der Abschied nicht schwer. Im Gegenteil. Ganz fröhlich und leicht ging ich davon. Und wie eine, die freudig erwartet wird, machte ich mich auf den Weg in mein eigenes Land.

APOSTELGESCHICHTE 9,36-42

Orte der Kraft

Ursula Kröll

Das Geheimnis der Schwarzen Madonnen

Entdeckungsreisen
zu Orten der Kraft

KREUZ

220 Seiten, mit ca.
50 Abbildungen und
Fotos, Hardcover
ISBN 3-7831-1660-0

Gehen Sie mit diesem Buch auf die mystische Reise zu den
Schwarzen Madonnen! Beginnend in Chartres, schon zur Zeit
der Kelten berühmt, führt Sie der mit herrlichen Fotos ausge-
stattete Band zu bekannten und verborgenen Madonnen in
Frankreich, Belgien, der Schweiz, Deutschland, Österreich,
England, Polen, Tschechien, Russland, Spanien, Portugal und
Mexiko. Mit Wegbeschreibungen und ausführlichen Informa-
tionen zur Verehrung Schwarzer Madonnen in Vergangenheit und Gegenwart. Mehr als ein faszinierendes Stück
Religionsgeschichte - ein Reiseführer zu den uralten »Orten
der Kraft«!

KREUZ: Was Menschen bewegt.